本书系国家社会科学基金重大项目“中国近代日记文献叙录、整理与研究”（18ZDA259）阶段性成果

華裘之蚤

张 剑——著

煩惱

晚清高官的日常

中华书局

图书在版编目(CIP)数据

华裘之蚤:晚清高官的日常烦恼/张剑著. —北京:中华书局,
2020.7(2025.3 重印)
ISBN 978-7-101-14573-1

Ⅰ.华…　Ⅱ.张…　Ⅲ.政治人物–生平事迹–中国–清后期
Ⅳ.K827=52

中国版本图书馆 CIP 数据核字(2020)第 085466 号

书　　名	华裘之蚤——晚清高官的日常烦恼	
著　　者	张　剑	
责任编辑	李碧玉	
封面设计	刘　丽	
责任印制	韩馨雨	
出版发行	中华书局	
	(北京市丰台区太平桥西里 38 号　100073)	
	http://www.zhbc.com.cn	
	E-mail:zhbc@zhbc.com.cn	
印　　刷	河北新华第一印刷有限责任公司	
版　　次	2020 年 7 月第 1 版	
	2025 年 3 月第 3 次印刷	
规　　格	开本/920×1250 毫米　1/32	
	印张 6⅜　插页 2　字数 136 千字	
印　　数	4001-4800 册	
国际书号	ISBN 978-7-101-14573-1	
定　　价	36.00 元	

目　录

自　序

曾国藩在直隶总督任上视察地方时，某晚苦于臭虫相扰不得入睡，遂将杜牧的两句诗"公道世间唯白发，贵人头上不曾饶"，改为：

　　独有臭虫忘势利，贵人头上不曾饶。

张爱玲十八岁时发表的散文《天才梦》，被她视为自己文学生涯的"处女作"，里面有句话经常为人引用：

　　生命是一袭华美的袍，爬满了蚤子。

曾国藩的话写实而又诙谐，张爱玲的话诗意而又智慧，它们启发了本书的书名。《诗·郑风·羔裘》："羔裘如濡，洵直且侯。"羔裘为古时诸侯、卿、大夫的朝服，也许用"羔裘"形容高官更切近，但我喜爱张爱玲的这句话，还是觉得用"华裘"更满意一些。张爱玲的祖母李菊耦是李鸿章的女儿，而李鸿章又是曾国藩的得意门生，曾、张之间也算有一种因缘在。

这本小书主要叙述晚清高官们的日常烦恼，自然气候、社会环境、人际关系、柴米油盐、生理疾病乃至心灵归宿等等，都可以成为烦恼的源泉。书中所写自然是挂一漏万，但毕竟展现了那一时代大人物的另外一面；希望它带给读者的不仅仅是猎奇，更是可以拉近大人物与普通人的距离，让普通人了解大人物的普通之处；也许，当"榜样"走下神坛，成为我们身边之人时，人们希圣希贤的勇气反而会大大增加。

第一章
居乡诚不易:《何汝霖日记》中的乡居生活

京城居,大不易。在人们印象中,京城生活成本高,生存压力大,似乎米珠薪桂,想要体面地生活确属不易。但是,即使在亲友众多,风土人情较为熟悉的家乡,想要体面地生活,难道就是容易的事吗?我们不妨以晚清军机大臣何汝霖的日记[①]为例,具体讨论这个问题。

何汝霖 (1781—1853)[②],字雨人,江宁 (南京)[③]上元人。嘉庆十八年,三十三岁时始得拔贡;道光五年,四十五岁时始中举人;充军机章京,累迁都水司郎中;历内阁侍读学士、大理寺少卿;道光二十年,六十岁时命在军机大臣上行走,历宗人府丞、副都御史;道光二十五年擢兵部尚书;道光二十七年五月丁母忧,回乡守制;道光二十九年八月服阕,命以一品顶戴署礼部侍郎,寻署户部尚

---

① 本文所引何汝霖日记文本,均来自张剑、郑园整理《晚清军机大臣日记五种》,中华书局 2019 年版。

② 据何汝霖《知所止斋自订年谱》(《北京图书馆藏珍本年谱丛刊》第 137 册,北京图书馆出版社 1999 年版),何汝霖生于乾隆四十六年六月十三日 (公历 1781 年 8 月 2 日),卒于咸丰二年十二月初四日 (公历 1853 年 1 月 12 日)。

③ 顺治二年清朝将南京改名江宁,本文为了名称统一,正文均称"江宁"。

《何汝霖日记》上册封面

《何汝霖日记》下册封面

书，仍直军机处，授礼部尚书。以病卒。

何汝霖所遗两册日记手稿，现藏于上海图书馆。一册封面题
"日记丁未年八月十二日起至戊申年十二月二十九日，上册"，106页，蓝格，
每半页九行；一册封面题"日记己酉年元旦至八月十四日止，下册"，79
页，蓝格，每半页九行。时间为道光二十七年丁未至道光二十九
年己酉其回籍守制时期，内容皆居乡时的一己见闻与感受，本色自
然，极具性情，真实展现出一位达官显贵的乡居生活，具有丰富的
史料价值。比如他用较大篇幅和较多细节讨论在其他史料中难以接
触到的基层人物（仆人、塾师、市井亲友等），是重要的社会史和生活史
资料；他以每日记录天气、水况的方式，为道光年间两次最大的水
灾留下了详尽珍贵的气象学、水利学、灾害学数据；他对江苏吏治
败坏和绅风不竞的无情揭露，也具有重要的政治史和地方文化史意
义。作者个性直率，臧否人物毫不掩饰留情，兼之他有将家信内容
摘录于日记中的习惯，故所记远较一般日记细微详实、形象生动，
某种程度上可以说，这是一部比小说都精彩的日记。可惜因为字迹
极度潦草，难以辨识，故长期未能为人有效利用。

一　仆人与塾师带来的烦恼

道光二十七年五月，何汝霖的母亲丁太夫人以九十高寿仙逝，
身为军机大臣、兵部尚书的何汝霖扶柩回到家乡江宁守制，随行人
员有姜陈氏、年方七岁的三子定保（学名兆濂，陈氏所出）、三弟何汝
舟（号莲仙）、表侄蔡右臣（儿媳蔡氏之弟），男仆温和、刘福、李顺、

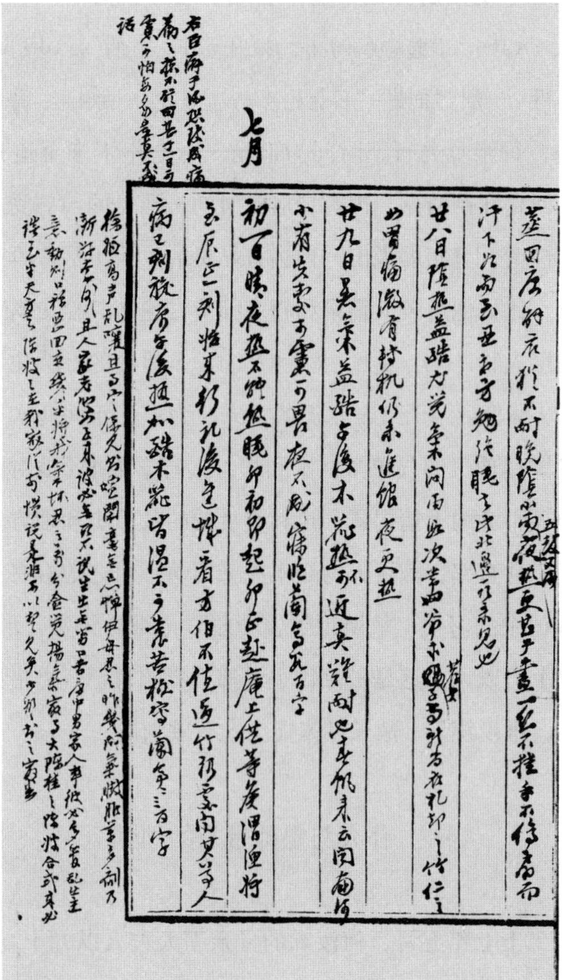

徐妪高声乱嚷(《何汝霖日记》道光二十八年七月初一日)

李升等，以及两位女仆刘妪和徐妪^①。

刘妪和徐妪关系不睦，互不理睬。何汝霖记云："二人自去年上船后即不交一言，吃饭亦不同案，住亦两屋，岂不可笑。"（二十八年九月三十日）在何氏心目中，刘妪"老稳"，且会做菜，时受夸奖，"刘妪自叠元宵，颇可口，又作炸酱亦好"（二十八年十月十二日）。而对徐妪，何氏则几无一处赞语：

> 徐妪多言而燥，哓哓不休，令人生厌，而其作事尚不过滑，故可容之。（二十八年三月初五日）
>
> 恨徐妪多嘴多事之病，日甚一日，且与定儿时时拌舌，闻之生厌，驱之不能，惟有忍气受之而已。（二十八年六月初二日）
>
> 徐妪高声乱嚷，且与定保见则喧闹，毫无忌惮。伊母忍之，昨几成气臌，服药多剂乃渐好，奈何奈何！且人家老婆子来，彼必无所不说，生出无穷口舌，寓中男家人事，彼必多管，乱出主意，动则口称要回京，几乎将我气坏。忍之万分，愈觉扬气。最与大陈桂之陈嫂合式，来必谈至半天方去。陈嫂之在我家，从前惯说是非，可以想见矣。（二十八年七月初一日）

何汝霖所说家乡的"陈嫂"，和徐妪一样，都是爱搬弄是非的

---

① 人物名字及关系据日记及《知所止斋自订年谱》推知。

长舌妇，以前在何家还差点惹出人命来①，徐、陈两个老妈子凑在一起，家中自然鸡飞狗跳，不得安宁。但就是对这位爱搬弄是非的多嘴女佣，虽然其"谬丑日甚"，几乎将人气坏，何汝霖也只是"忍之而已"（二十八年九月三十日）。

对于男仆温和的毛病，何汝霖也同样隐忍，长子何兆瀛早就提醒他："温和之任性种种有之，此人必须善为驾驭，面有恶骨，目光太横，想大人必早鉴及之。"②当何汝霖从另一男仆李升处听说"所有年来温和之霸道跋扈混账"时，也曾"悔恨难名"（二十八年六月十九日），但由于何家内外杂务温和颇为得力，何汝霖不得不予以迁就，直至道光二十九年回京时，仍是温和在打理雇车等出行杂务。对于仆人们的诉求，何汝霖还尽量予以满足。如李升"诉云伊家一年以来事故多而变产负债甚重，必回去一行，年内回南"，何汝霖不仅"不便力阻其行"（二十八年六月初十日），而且为其如何回京费力谋划："回拜傅继勋太守，托带李升回京。"（二十八年六月十六日）何汝霖报送母丧的讣书，因李顺负责的门房"遗漏多多，致讣书一无所告"，何对李顺略加申斥，李顺"遂决意请去"（二十七年十一月廿五日），这和徐妪"动则口称要回京"一样，都是下人自尊而又任性的反映，对此何氏也只是在日记中书写一句"真昧良也"（二十七年十一月廿五日）了事。

---

① 上海图书馆藏何兆瀛《家书汇存》"申字十九号"（道光二十八年七月廿九）家书载："徐妪多嘴多事，殊为可厌。陈妪犹在人间，亦属奇事，伊前在吾家挑弄是非，几乎酿出人命事来，此番犹有老脸进门，尤属奇事。"
② 何兆瀛《家书汇存》道光二十七年九月家书。

在何氏日记中，这些仆人绝非一个个抽象的低贱符号，而是皆具性情、各有脾气的活生生的人。对于他们，何汝霖常常私下大发牢骚，表面还得表现出"忍"字工夫。这一方面也许体现出何汝霖的君子雅量和儒家的"仁爱"思想，一方面可能也因当时社会制度与风俗使然。明清时期，随着商品经济的发展，雇佣现象较前代更为普遍。在那种世代服役、无独立人格的奴婢制之外，还需要对大量出现的虽有"主仆名分"、但人身依附不强的雇工人[①]做出相关的制度性规定。明代雇工人社会地位已较唐代部曲为高，至清代进一步明确规定：

> 雇工人不过受人雇值，为人执役耳，贱其事未贱其身，雇值满日，即家长亦同凡人，与终身之奴婢之不同。然现在工役之日，与家长之亲属亦有名分，虽异于奴婢，亦不得同于凡人。[②]

徐妪、刘妪、温和、李升、李顺等长期在何家服役，显然属于有"主仆名分"但期满即获自由的雇工人，何汝霖自然不便轻"贱其身"。

而对于那种至少名义上和自己同属士阶层的塾师，由于"师"在礼教序列中的地位尊崇，何汝霖更要表现出非常的礼遇。

---

① 清代雇工分类及身份问题，可参黄冕堂《清代"雇工人"问题考释》，《社会科学战线》1988年第1期。

② 《大清律例汇辑便览》卷二十七《刑律·斗殴上》"良贱相殴"条"辑注"，清同治刊本，第十九册第五十九页。

何汝霖特别重视子女教育，回乡丁忧的两年多时间里，他先后为儿子定保聘请过三位塾师。道光二十七年十月十七日，何汝霖抵达江宁，借寓党公巷陆氏宅，十月二十五日，第一位受聘的塾师王竹礽（竹仁、竹人）即已进馆授读，可谓神速。

王竹礽教读定保，直至道光二十七年十二月廿七日始放假，而次年正月十一日即开馆，时间抓得很紧。刚开始时他只教授定保一人，道光二十八年正月十九日，何汝霖十九岁的侄孙承祺（渭渔次子）亦来附学。对于脩金，何汝霖较为大方，其道光二十八年四月廿九日记云：

> 为承祺送竹人午节脩金五两，合之定保每月五两，是年共七十五两，益以节敬三次共六两，已得八十一两矣，似不为薄矣。

定保一人每年学费合计六十六两，承祺附学，仅送三节节敬计十五两，合计八十一两，这一待遇确"不为薄"。在成书于乾隆前期的《儒林外史》中，坐馆薛家集的周进每年脩金只有十二两银子，虞博士坐馆杨家，待遇较优，每年也只有三十两银子。当然物价一般愈后愈贵，乾隆年间塾师的脩金也许说服力不够；那么咸丰九年十二月十八日，莫友芝致其弟莫祥芝的信似乎更能说明问题：

> 我亦何乐而住京哉？必欲住京，即须有每月七八两之馆。京城闲士甚多，大约以二两一月至四至六已特出。即有人就，我就之即不

足用，所以难谋。①

即使到了咸丰末年，而且是在物价昂贵的京城，一般馆师每月也只有二两修金。徐梓《明清时期塾师的收入》一文曾据宗谱列举清代中后期较富庶的江浙一带支付塾师修金的情形，高者每年七十二千文，低者每年二十千文，平均每年四十二两左右（共统计十一家）②。那些不是去家塾坐馆，而是自开蒙馆的普通秀才，收入可能更为可怜和不固定。据刘大鹏的《退想斋日记》，光绪年间，每个学生一年给束修一千六百文，一年收入大约在十千到二十千之间③。看来道光二十八年的何汝霖能支付馆师每年八十一两的修金，算得上待遇较优了。

王竹礽教授得法，何汝霖与之相处较为愉快，宾主之间不仅经常谈文论艺，而且王竹礽还能帮何汝霖料理一些家务，甚至为之捉刀代笔④。但好景不长，道光二十八年九月廿四日，王竹礽因病重不幸去世。

仅过了七八天，何汝霖就聘请到第二位塾师夏家铣，并于十月初三正式开馆。

——————

① 《莫友芝全集》第六册，中华书局 2017 年版，第 582 页。

② 徐梓《明清时期塾师的收入》，《中国社会经济史研究》2006 年第 2 期。

③ 刘大鹏是举人出身，又在山西富商家坐馆，故每年修金有二百多两，这只是可期不可遇的特例而已。

④ 《何汝霖日记》道光二十八年七月初七："顾小世兄送彦和小照索题，交竹人捉刀，作五古一律予之。"

夏家铣（1824—1853），字季质，上元附生 [1]，其家与何氏颇有渊源。夏家铣的伯父名夏垲（1795—1862），字子仪，道光十一年举人，有《信天阁诗草》四卷；夏家铣的父亲名夏塽（1796—1843），字子俊，号去疾，道光十五年举人，有《篆枚堂诗存五卷》[2]。夏、何同为江宁望族，关系密切。何汝霖自订年谱时曾深情回忆：

　　道光十三年："癸巳五十三岁，八月孙承禧生。补方略馆纂修官。夏子仪孝廉垲来馆于吾家，孝廉为余诸生时受业弟子，学问渊雅，人品纯粹，因命男兆瀛受业，两世互为师弟，亦佳话也。"

　　道光十八年："戊戌五十八岁，十二月转太常寺少卿，岁暮大祀骏奔，襄事虔恪，惟恐失坠。是年子仪之弟子俊孝廉塽，亦余受业弟子，礼闱后留京过夏，因馆于余家，命孙承禧从受业，于是三世皆有师弟渊源矣。时孙六岁，读《尔雅》能成诵，子俊教以四声之学，亦知领悟，子俊枕经葄史，所为制艺神韵才气俱不乏，词

① 张熙亭《金陵文征小传汇刊》（光绪二年丙子版）："夏家铣，字季质，上元附生，幼有夙慧，读书如瓶泻水，体素弱，不能攻苦，而下笔为文自成片段，有声黉序间，癸丑殉难最烈，年甫三十，可惜也。"据《同治上江两县志》卷十九上《忠义》，夏家铣系"作诗骂贼"被杀。陈澹然撰《江表忠略》（光绪版）卷十三详载其事："(咸丰)四年春，寇以《四海有东王》试士……（铣）发愤托诸诗，于是秀清大怒，则令伪丞相鞫其党，讨焉，铣大言曰：'我何党，列圣贤书者皆吾党也。'举砚掷丞相，中额……铣死，诗绝痛。"《清史稿·忠义传》云"城陷，贼挟充书记，作诗骂贼，贼搜得之"，并云其参与了咸丰四年二月张继庚、金和等人谋为内应，献城官军之举。故其死难之时当在咸丰四年。
② 夏氏生平简介据柯愈春《清人诗文集总目提要》中册，北京古籍出版社 2001 年版。

赋亦臻名大家，古近体初学温飞卿，后乃瓣香李杜，医其家学，馀技也。"①

夏家铣的伯父夏垲曾教授何汝霖的长子何兆瀛，其父夏埙又教授何兆瀛的儿子何承禧，且较为成功，如今夏家铣又教授何汝霖的三子定保，这真是一段佳话。遗憾的是，夏家铣的表现令人大跌眼镜，道光二十八年十二月初十日何汝霖记云："季质改诗与对，吃力而笨，去竹人远矣。"十二月廿五日，塾馆放年假的前一天，何汝霖与夏家铣商量来年是否可于正月初六开学，遭到夏的反对，要求延至正月十三日："季质颇以正月初六开馆为太早，勉从所订十三矣。此公不受商量，令人想竹礽不置，而又不便再延一人，忍之而已。"（二十八年十二月廿五日）到了来年开馆之日，夏又以哮喘为托辞，托何兆瀛妻弟蔡右臣代课数日："季质先不以初六开馆为然，自订十三，今早又字致右臣，以发吼为词，嘱右臣代权数日，而右臣则云连日游于南北郊，意在过灯节再来。此子大不讲理，且于伊父在京吾家代办各事以话餂之，总无一语提及，真不懂事，大非子仪、子俊可比，洵可叹也。"（二十九年正月十三日）蔡右臣亦不情愿，遂告知何汝霖，夏家铣其实连日纵游南北郊，是想元宵节过后再来。被泄了底的夏家铣不得不于道光二十九年正月十四日开馆，但其漫不经心的表现令何汝霖大为不满：

---

① 何汝霖《知所止斋自订年谱》，《北京图书馆藏珍本年谱丛刊》第 137 册，北京图书馆出版社 1999 年版。

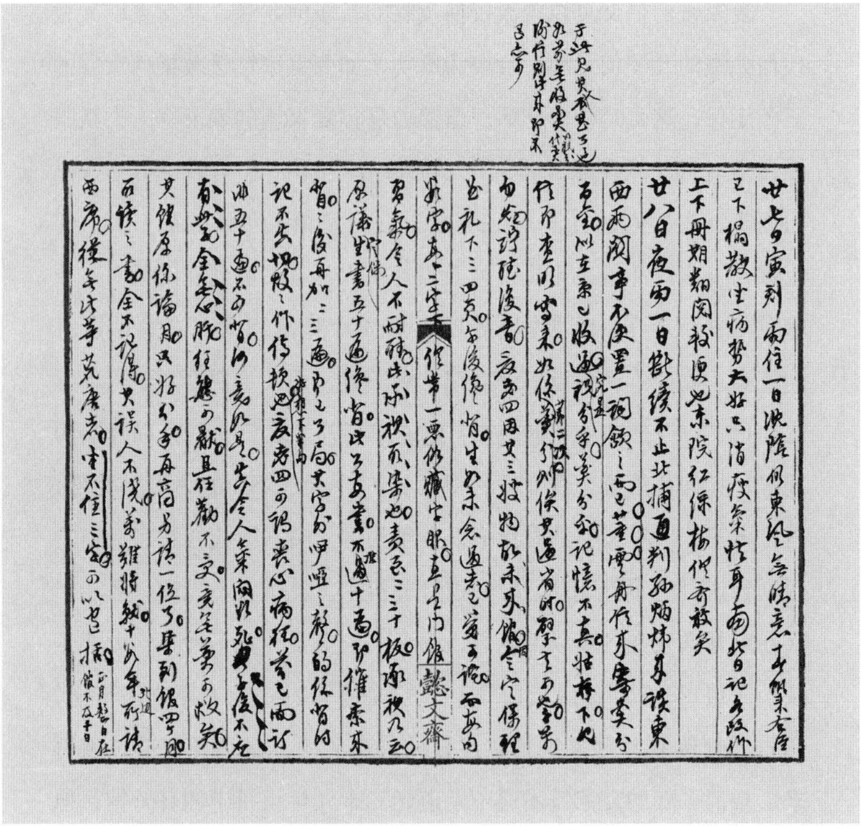

所请西席，从无此等荒唐者（《何汝霖日记》道光二十九年正月廿八日）

夏老四来馆，似未发吼。申刻又去假，云晚间畏风，真脾气也。（正月十四日）

夏先生巳正三甫到，未正即又飘然而去。功课全不过问，十三乃其自订，又不肯照常，何其妄谬如是。且定保分本世叔，呼名则可，乃直呼曰定保，狂态可掬，似子仪、子俊且不肯如是，其高自位置乃尔。（正月十五日）

夏先生今日来了一日，初念晚书，戌初仍急急散去，可笑可笑。（正月十六日）

夏老四又飘然而去，不解所谓。（正月廿二日）

春帆来，托其向夏老四宛商，馆事宜严，不宜多旷。（正月廿三日）

至正月二十八日，夏家铣又因故请假，何汝霖遂抽空检查定保的学习效果，结果令其愤怒异常：

夏老四因其三嫂物故，未来馆，因令定保理《曲礼下》三四页。午后才背，生如未念过者，已觉可诧，而每句数字，每一二字下，俱带一恶俗赃字眼，直是门馆习气，令人不耐听。此承祺所染也，责至二三十板，承祺乃云，原议定保生书五十遍才背，此公每书不准过十遍，即催索来背，之后再加二三遍，即已了局。其字外呷哑之声，的系背时记不真切，故故作停顿，好想下半句也。夏老四可谓丧心病狂，前已面订非五十遍不可背，何竟如是。真令人气闷欲死。子俊不应有此子，全无心肝，狂态可厌。且任劝不受，竟无

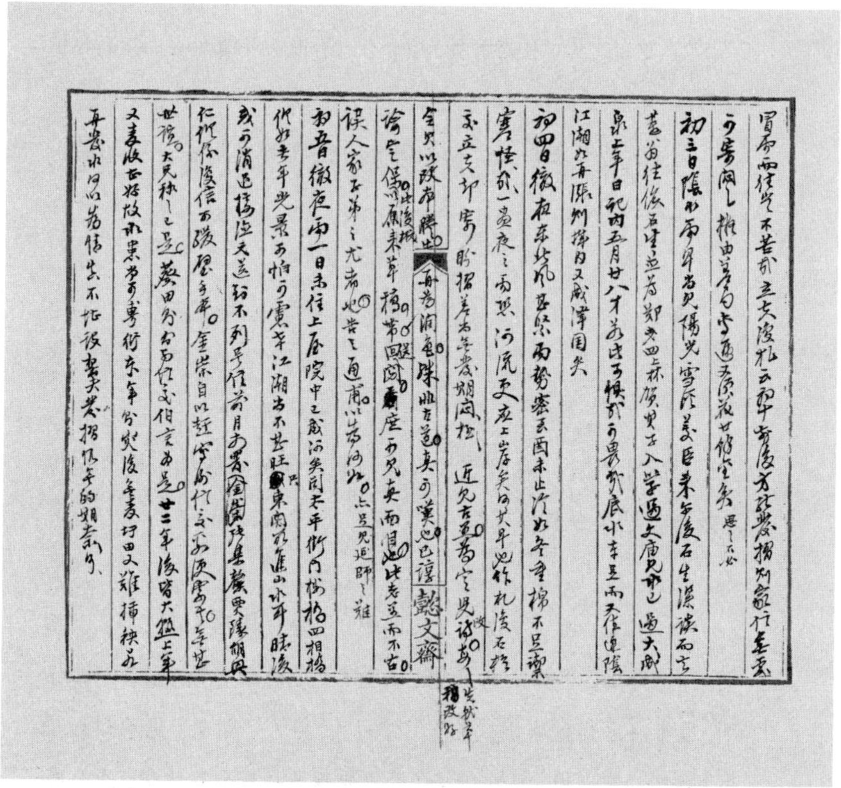

此老愚而不古，误人家子弟之尤者也（《何汝霖日记》道光二十九年闰四月初四日）

药可救矣。其馆原系论月，只好分手，再商另请一位了。渠列馆四个月，所读之书，全不记得。其误人不浅，万难将就。十数年北边所请西席，从无此等荒唐者。"坐不住"三字，可以包括。正月整日在馆不及十日。（正月廿八日）

正月三十日，夏氏仍未到馆。何汝霖无法忍受，遂将之解馆。事情过了两天，何汝霖对之仍耿耿于怀："愈觉夏老四之累人不浅，可恨可恨。"（二月初三日）咸丰三年，太平军攻陷江宁，次年夏家铣遭乱而死，结局很是不幸。

第三位塾师是龚古愚（古馀）。道光二十九年二月初二日下聘，二月初四即开馆，何汝霖对龚初步印象不错："古馀先生来馆，其人老练而和，真一老教书者。所说字字中款，似靠得住。"（二月初四日）

但"老练"有可能世故，"和"有可能圆滑。事实证明，龚古愚就是一位世故圆滑的老者，他不仅放纵定保玩耍，而且为了表明教学效果，还经常帮定保做一些掩饰。何汝霖发现后对此颇有意见：

> 定保悟心稍可，惟读书则日入滑境，不肯求熟，令我气闷。重责数十板，先生太宽仁，听其偷懒并乱跑也。罚午饭一顿，以警之愧之。（四月初五日）

> 近见古愚为定儿改诗，每每先就草稿改好，令其以改本誊出，再为润色，殊非古道，真可叹也。已谆谕定保，此后概以原来草稿

带回送阅，庶可见真面目也。此老愚而不古，误人家子弟之尤者也。告之通甫，以为何如。亦足见延师之难。（闰四月初四日）

古愚人品学问，馆师中罕有，惟性太软缓，定保毫无畏怯，初尚能督书要熟，近则将就应典而已。初尚安坐，近则满院乱走，不加约束。除自己看书外，惟闭目静坐，以养元神耳。对对、八句诗，先于草上略改，即誊，然后再改，实是讨好之私见。此子本有可成，惜夏、龚一误再误，至不可收拾。（五月初七日）

龚古愚还借与何汝霖的这层关系在赈灾中为自己和亲友渔利，愈发令何汝霖不齿："古愚为亲友向章甫取抚恤钱票数张，以便逐日赴局取钱。"（六月廿四日）"古愚兄多受人情，谋入抚恤局内办事，可笑之至。此事避之不暇，凡钻谋而入局者，其来意尚可问乎。此公愚而不古，真难佩服。近来学生终日不念书，不督书，全不过问，尚有人心耶。"（七月初四日）好在不久何汝霖即要启程返京，至七月廿日自然解馆，两人尚未闹到不欢而散。但何汝霖在日记中感慨"延师之难"，其实好的老师，古往今来，皆可遇不可求也。

二 可笑可气的亲戚朋友们

明人陆噓云《世事通考》谓"因人丰富而抽索之"为"打抽丰"，又名"打秋风""打秋丰"，这种利用各种关系或名义向人索取财物或赠予的社会现象，在中国人情社会乃是司空见惯之事。何汝霖官居一品，位高权重，好不容易逮到他一个不得不回家乡的机会，沾亲带故者无不磨刀霍霍，期以有济。以至于何汝霖甫回乡，竟不敢去九儿巷哭奠刚刚去世的大嫂，因为那里有等候多日准备向他哭穷的诸多女眷：

> 本欲至九儿巷哭嫂一番，为众女客所阻，不便前往，防烦琐也。可恶可恶。据渭渔云，皆已住月馀，专候哭诉家务也。（二十七年十月廿一日）

过了两个多月，何汝霖愈觉难以应付："各处帮项已付三四十处，约二百馀，而来者仍众，奈何奈何。又知朱、况二生窘而未启齿，赠以十五金。"（二十七年十二月廿四日）"求助者坌集，与索逋等，可笑可气。"（二十七年十二月廿五日）求助者反而像是索债者，这确实是一幅奇特的画面。亲友故旧中，除了有像朱、况二生稍有自尊，羞于启齿而得到何汝霖的主动资助者外，其馀多是千方百计来打秋丰的人。

有的是仗着五服以内的亲戚关系，理直气壮地来索要钱财。如他的侄女婿王某，其母年过八十，他却视同路人，将"先人所存银钱花尽，老母之衣物并寿木卖去"，何汝霖不得不"每月给钱一千"（二十七年十一月十四日）以维持其母生活，可王某仍贪得无厌，以书来告帮，被何汝霖形容为"行同猫狗，恬然不耻，真非人类"：

> 王侄婿书来，无情无理，刺刺不休，令人生气。其老母幼子，

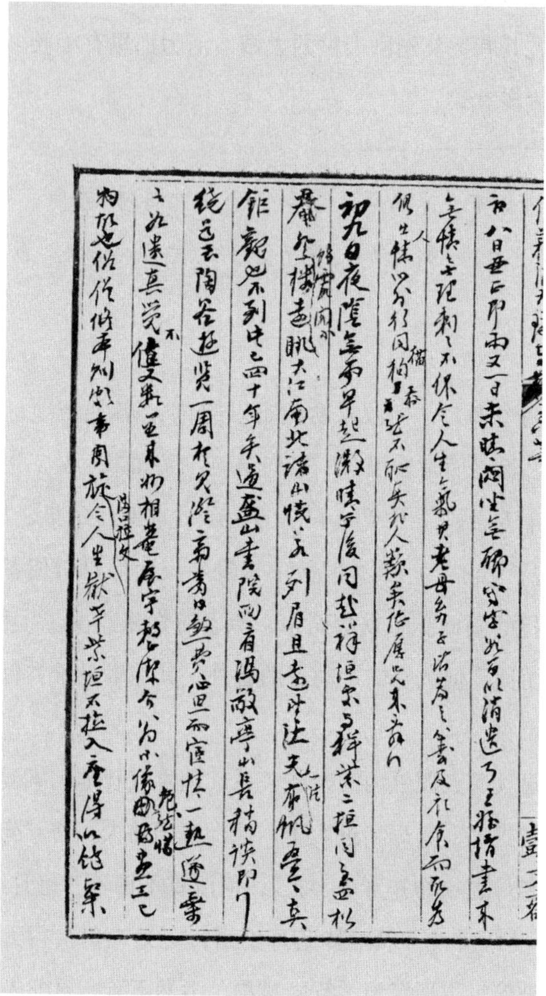

行同猫狗，忝然不耻（《何汝霖日记》道光二十八年三月初八日）

皆为之筹及衣食，而所为仍出人情以外，行同猫狗，恬然不耻，真非人类矣。(二十八年三月初八日)

而定保的表兄郑满子（何汝霖原配郑氏的兄弟所生之子），则直接打上门来，稍不如意，即大吵大闹：

> 郑满子坐守不去，嗣直入上屋，所求殊不近情，宛却之，负气而去，并不作辞，听之可也。(二十七年十一月十三日)
>
> 郑满子又来，求多助，未免不谅。(二十七年十二月廿一日)
>
> 昨送郑大嫂八元，系母子三人分用，满子忽来，忿忿坐听事索见，三弟出晤，乃云非数十金不可。宛词谢之，直云不料如此刻薄，怒不可解。莲翁斥其冒失，则高声发话，恍如索逋，许久始去。因此若再厚赠，恐效尤者众，乃以四元送其母，云系定保所送舅母者，此子如此，尚值与校耶。(二十七年十二月廿七日)

有的则是仗着乡里乡亲的关系或过去的友谊，厚颜哀求，欲壑难填。李子渔就是这样的一位：

> 子渔已得清江小馆，又欲借明年卅金度岁，可谓无厌之求。(二十七年十二月廿八日)
>
> 李子渔到寓，追至庙中，刺刺不休。可谓不近人情已极。渠有馆六十金而仍嫌不足，且所需甚多，何无厌如是。一笑却之，不值与较也。(二十八年三月廿四日)

何无厌如是（《何汝霖日记》道光二十八年三月廿四日）

李子渔清江之馆又歇，来絮聒不休，此公专以吾家为可扰，殊觉不解。（二十八年六月十一日）

李子渔来，所求无厌，毫无情理，可怪可叹，总以馆谷不足为词，大可笑也。（二十八年六月十五日）

子渔又来苦磨，赠以八元。（二十八年六月十六日）

李子渔到家，又托友云来，云现在甚窘，不无所望，可厌已极。六月甫给八元，说明再不求帮，未及四月，旋作故态，真不可解。而友翁专为说项，尤觉可笑。（二十八年九月廿三日）

李子渔又来絮聒，其欲无厌。正言之，宛喻之，皆不悟，真所谓穷磨也。（二十九年二月十五日）

子渔书来，语多狼籍，直以数十次所帮，为交情不及万一，正未知所望若何。此公真不解情理二字矣。可笑可气。惟以妄人目之而已。（二十九年二月十八日）

另一位朋友孙友云（友云、友翁）则爱做为人说项的捐客，慨他人之慷，亦让何汝霖觉得可笑可气：

友云来，刺刺不休。为彼之各处相好者妄有所求，大约有二三十处矣。力对以今年无可对挪，只好一毛不拔。此公专爱慨他人之慷，真觉可鄙。大怒而去。（二十八年十二月十一日）

日来告帮之札纷纷前来，舌敝唇焦，仍不见谅。最难受者，友云叠开单来索取，竟不准却，真可笑也。余昨告人云，凡自孙处求字而来者，应给亦断不给，而友翁仍刺刺不休。（二十八年十二月廿日）

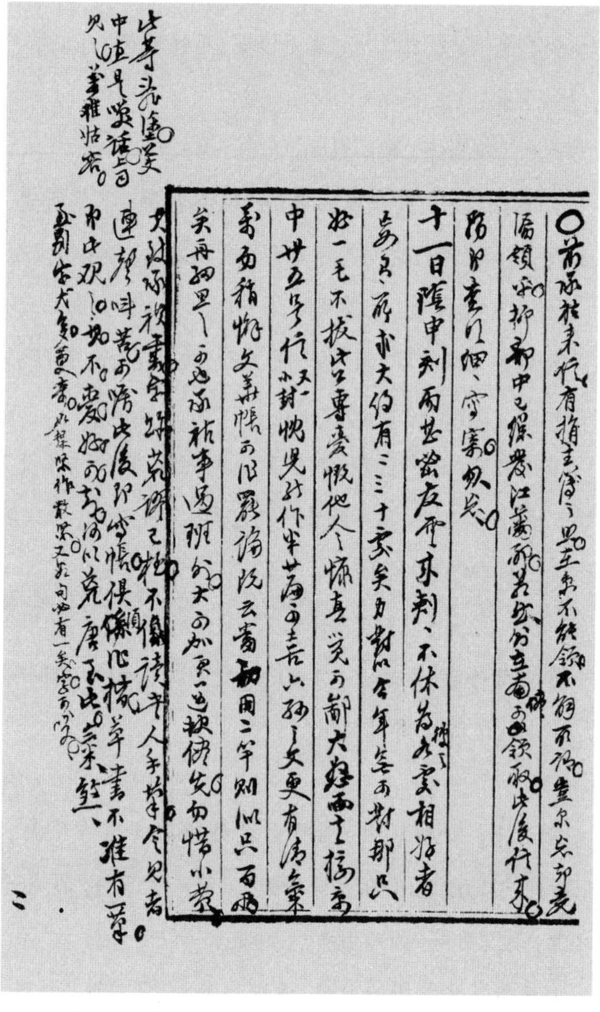

只好一毛不拔（《何汝霖日记》道光二十八年十二月十一日）

更有甚者，有些并无瓜葛和素无交情之人也来信告帮，令何汝霖疲于应付，哭笑不得："内有不知其人而亦有书者……可笑可笑。"（二十七年十一月廿八日）"告帮札雪片而来，真有梦想不到者，奇极诧极。"（二十八年十二月初十日）"又接告助之字数处，看来蜂涌而至，竟不论交情之厚薄矣。"（二十九年八月初七日）"求助之书又来数封，皆毫无瓜葛。"（二十九年八月十二日）有的还直接上门索取，不达目的誓不罢休："一日之中告帮之书十数封，皆非有系葛者。尤怪者黄右军之孙老童某，辞以出门不信，高坐厅事，声言必久待之，断无永不回来之事，且口出不逊，与门者大闹，右臣、佩轩劝散，云明日必来，不见不依。此等气象，较索逋更甚，奈何奈何。"（二十八年十二月廿六日）

不过，最让何汝霖烦恼的还是其侄何渭渔（名兆熊）一家。

渭渔是何汝霖长兄何守仁的长子，生于嘉庆七年（1802），次年三月，守仁病卒，渭渔尚不满一岁，何汝霖也刚二十三岁。从有限的资料看，渭渔基本上奉母王氏在家乡江宁生活，也一直得到在京供职的何汝霖的接济。渭渔后来育有两子，承祜、承祺，道光二十六年（1846），承祜生子庆良，四十五岁的渭渔成了爷爷①。作为何氏的长房长孙，渭渔的宗族地位很重要，而且除了直系亲属，其血缘关系与何汝霖也最接近。

但在何汝霖笔下，渭渔简直就是贪财、轻信、愚昧、仗势生非者的代称和化身。

————————

① 据何汝霖《知所止斋自订年谱》。

先看其贪，渭渔平素在地方爱占小便宜，竟得了个"何小钱"
的绰号：

> 下昼与涌兴谈渭渔事，备言爱小便宜各事，群呼"何小钱"，
> 云惯挽用小钱故也。(二十八年正月初三日)

这种爱占便宜的手段，在叔父那里也无所不用其极。

> 夜不成寐，心复跳难忍。遂起坐，而一切心事杂起。因思渭
> 渔之贪而谬，谎多，无时无之，取索无厌，竟无药可救。(二十七年
> 十一月十四日)
>
> 渭渔来，为置田地巧计百出，可气可笑。(二十八年二月初六日)
>
> 渭渔时来磨钱，多欲无厌，却满面怒色，殊不可耐。(二十九年
> 七月廿七日)

再看其轻信、愚昧。渭渔之母王氏卒后，何汝霖为之代谋葬
地，本已有成，但渭渔却极不配合，平添出不少风波：

> 王恭人所定之地甫由畸人看定，尚可用得。渭渔本日又带一
> 无名地师不识字者，独往再看，大以为不可，大约又须另觅。伊总因
> 我两人所订，大不放心，故特翻前议也。真可气闷。(二十八年四月初
> 十日)
>
> 顷知渭渔所约张姓乃丁玉华家机匠，目不识丁，随口乱冲，而

渭渔信之如神。(二十八年四月十一日)

　　王恭人之地,与渭渔剀切言之,仍未首肯。(二十八年四月十七日)

　　宝光寺看定之地,渭渔又起异议,殊出情理之外,令人闷欲死。自正月至今成而又反覆者数次,现尚难定,渭渔之意殊不可测。奈何奈何。(二十八年四月廿二日)

　　延至十二月下旬,好不容易将王氏暂时安厝于打鱼赵村。而除夕给何氏祖先及王恭人上供时,又发现渭渔答应承办之供品异常简陋,何汝霖不得不赶紧重办:

　　三弟赴庙上供,未初始回,云先太夫人前渭渔昨两次面订赴庙供年饭,乃今只供三碟:瓜子、糖片、年糕。至饭菜及酒俱无,殊不可解。既阻我等不必预备,而竟置之不办,何居心之忍如此,几令人气煞。乃赶办五簋,申初二送庙,会佩轩前往上供。此公真出意料之外,且家中既将伊父之影挂起,而案上并无香炉烛台,其供品如茶杯年饭一无所有,不知是何意见,其妇与媳亦全不管。人之有子孙家眷者,乃竟如是,尚有人理耶。书此可以知其心术行为矣。惟仰天长叹,垂泪而已。(二十八年十二月廿九日)

　　王恭人所葬坟地,系何家购自打鱼赵村赵永仁,而坟邻谢姓,忽于王恭人葬后起讼,讼告赵永仁将原属谢家神路的茔地盗卖给了何家,要求赵永仁赔偿,其真实意图在于给何家制造麻烦以便勒索钱财："王恭人之坟邻谢某以呈词来投，告称占渠家神路，控赵永仁，意在诈赃。人事之坏如此。"（二十九年三月十二日）"赵永仁来云谢姓罚伊作坟栽树，并要伊具一承管，写明盗卖谢地，诡诈可恶，此系讼师所使，先作实赵之盗卖，然后与吾家为难，看来非结讼不可。甚矣，讼师之可恼也。"（二十九年四月十二日）但让何汝霖生气的是，渭渔"尚常与谢姓在茶馆晤谈，其愚何如，一切底里俱随口被他骗去"（二十九年四月十二日）。更令人瞠目的是，经进一步了解，谢姓的主意竟是渭渔帮忙出的：

> 庆臣来，云晤谢某，知先逼赵具盗卖字据，罚令修坟，然后两家立合同，彼此关照，系渭老主意，与彼商办，闻之殊闷闷。其意在敷衍了局，不知赵认盗卖则何即误买矣。既指用赵卖价修工，则赵契应改谢契，方保无事，况既不在谢十丈以内，如何得断以盗卖乎。真觉可笑。（二十九年四月十四日）
>
> 三弟往陈、甘处商办谢姓事。旋赴静人园中，晤谢某。与庆臣等公议打鱼赵各家八家公立一碑，载明丈量丈尺，均无侵占，以后公防赵某盗卖侵扰云云，现不准谢某勒赵修坟等事，以绝其望。谢云伊本只望通知渭渔帮防赵某，乃渭渔极力怂令控赵，即罚令修坟，亦系渭老主意。闻之骇然，细思只求后患可免，即勉强允其所请亦好。渭本无才，好作主意，真令人气闷欲绝。（二十九年四月十五日）

就是这位帮着外人谋划何氏利益、愚昧可笑、"令人气闷欲绝"

的渭渔，仗着何汝霖的权势，在外面还做有不少包揽词讼、干预地方的勾当：

> 渭渔来寓，问以近有札致江邑为人说事否，渠无可辞，不过饰词遮掩。力斥之，而意颇不动，可怕之至。近复走入此路，何晦事耳。防之，真出意外，令我眠不贴席矣。（二十八年九月初八日）

> 约张沛兄来寓细询，渭渔在县为人说事已不止一次，好在方令并未照办，亦并不认识，其谬何如。拟一二日亲赴两县，告以再有书信来，即将递书人扣下，连原札送交公馆查办。如再隐忍，必告之藩司提去讯问。书至此，几将我闷死。此子近来一坏若此，正不敢深求，不敢远望矣。（二十八年九月初九日）

> 渭渔来，与言干预公事，渠不讳，而总无改过一语，真可闷也。晚，喉间顿作胀满之状，因此事起也。早，紫垣并告以伊家余大兄曾送县一田户，伊特往说情，可见近则惯作此等事矣。（二十八年九月十二日）

> 方、屠两明府来谈，须嘱此后如有渭渔手札及名片来说公事，即将送信之人并信片扣住，送交公馆自办，倘径收留，必深怪云云。（二十八年九月十三日）

备尝艰苦位始腾达者，更懂得珍惜来之不易的成就，其中头脑冷静者，无不注意告诫子弟不得在地方包揽词讼、干预公事，以预防祸出意外，累及自身前途和家族命运。因此，渭渔的这些"劣绅"勾当，令何汝霖感到严重不安、气愤和惊怕。但秉性难移，渭

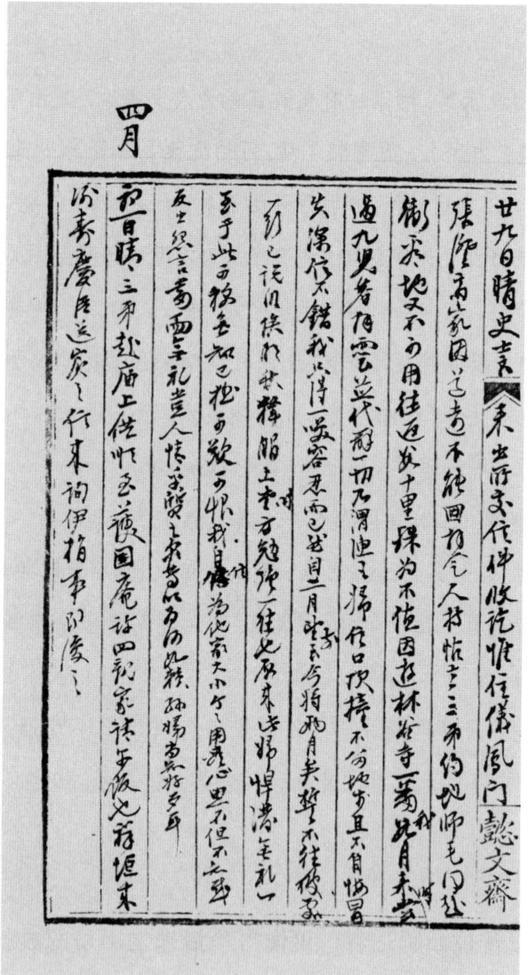

反出怨言（《何汝霖日记》道光二十八年三月廿九日）

渔恐怕不会有太多改观，只是因为并无过分的劣迹，再加上何汝霖的着意提防和限制，才没有闹出什么大的祸事来。

渭渔不能正己，亦不能齐家，其妇及其子承祜、承祺的表现也都很令何汝霖失望：

> 我数月来，时尝过九儿巷拜灵，并代办一切。乃渭渔之妇信口顶撞，不留地步，且不自悔冒失，深信不错，我只得一笑容忍而已。……原来此妇悍泼无礼，一至于此，可称无知已极。可叹可恨。我自信为他家大小个个用尽心思，不但不知感，反出怨言，当面无礼，岂人情乎。(二十八年三月廿九日)

> 承祜两次家信总云到工时全无进项，甫学当差就想有得，见识之卑陋可知，将来作官已可想见。鄙哉！可深斥其非，俾不迷于所向。此子与乃翁可称是父是子。(二十九年六月十一日)

> 定保因开水荡手，甚痛而哭，回，赶用大黄面调麻油敷之。承祺坐在一处目睹而不言，与乃兄皆自了汉也。即平日所问，从无一字实话，人本极笨，而用心太深，滑而险，绝不沾泥，可谓难兄难弟。一言蔽之曰，全无人味。(二十九年六月十四日)

特别是承祜 (字受卿)，作为渭渔长子，负家族之重望，何汝霖也不惜耗费物资人情，为之捐得了一官半职。但承祜志向既卑，学问又差，连家信都写不通顺，字迹之丑更令人不忍目睹：

> 承祜事过班外，大可加至遇缺尽先，勿惜小费。其致承祺书，

字迹荒谬已极。不像读书人手笔，令见者连声叫苦。可嘱此后即写账，俱须作楷，草书不准有一笔。即此观之，其不爱好可知。何以荒唐至此，气煞气煞。兼别字尤多，更奇。如"赶紧"作"敢紧"。又数句必有一"矣"字，可笑。此等乱涂，公文中直是笑话，上司见之，万难姑容。（二十八年十二月十一日）

承祐一函字已草率，其代右臣所作家信，则牛鬼蛇神，千古以来从未见如此怪诞者，岂前已谆戒之，竟罔闻知耶？此子脾气太坏，倔强如父。你们不可以老实目之。我之极力位置，真盲于目，不能知人矣。悔之恨之。此数语即令承祐细看。（二十九年二月十四日）

刘文、薛玉、张福为抄《明史》军事完，以面劳之，其字皆清妥，较承祐高出数倍矣。（二十九年三月初三日）

刘文、薛玉、张福不过是几个识字的仆人，承祐书法居然不能与之相比，又焉能承担光宗耀祖之重任？咸丰二年何汝霖去世后，失去了这株大树的荫庇，渭渔一支很快衰落下去。咸丰四年，渭渔携家投奔在固安永定河任职的长子承祐①。同治三年（1864）十二月十一日《何兆瀛日记》载云："七弟言河上大兄处家事，甚为可虑，一切乱杂无章，举旧日祖宗遗范扫地，令人笑之于邑，渭老不能无过也。"② 这一切，距离何汝霖辞世才过去十几年。

---

① 何兆瀛《心公自订年谱》（南京图书馆藏抄本）咸丰三年癸丑条载："大侄受卿在永定河书来，谆请到彼小住。乃于五月，同庶母以下眷属到固安乡赁草舍为避嚣计。"咸丰四年甲寅条载："渭渔兄自江宁乡间携眷到河上。"
② 《何兆瀛日记》，稿本，上海图书馆藏。

值得一提的是，何汝霖居乡两年多的日记里，"可笑"一词出现了65次，"可气"一词出现了16次，其中的大部分，是送给这些亲戚朋友的。

三　两次大水灾的全程记录

中国古代自然灾害频仍，江宁亦不例外，由于地处长江中下游，城市紧依长江，水患不时会对江宁造成影响。姚莹曾作《江宁府城水灾记》，统计出汉延熙十四年至康熙二年，江宁水患见于记载者就达八十五次，水大者有十七次①。入清以后，人口激增，长江流域人口分布尤密，上游毁林开荒，中下游围湖造田，长江流域生态平衡进一步遭到破坏，水患更加频繁。道光年间，就发生了至少八次大小不等的水灾②，其中以道光二十八、二十九年为甚，姚莹《江宁府城水灾记》对这两次水灾如下记载：

> 道光二十八年七月霖雨，湖南北、江西、安徽、江苏、浙江滨江海诸郡县患水……而江宁被水尤甚。明年四月，莹至江宁，见城中门扉水迹三四尺不等，咸相告曰，某某市中以船行也。未几，闰四月，久雨不已，五月复大水。阛阓深六七尺，城内自山阜外鲜不乘船者，官署民舍胥在水中，舟行刺篙于人屋脊，野外

---

① 姚莹《东溟文后集》卷九，《清代诗文集汇编》第549册，上海古籍出版社2010年版，第520页。
② 分别为道光三年、十一年、十四年、二十年、二十一年、二十八年、二十九年、三十年。

田庐更不可问矣。人被淹且饥死者无数，或夫妇相携投水中，或男妇老稚相结同死破屋，浮尸沿江而下，以诸省复被水且甚于前年也。[①]

时人对这两年的大水也有一些记载，如《李星沅日记》《白下琐言》《道咸宦海见闻录》《同治上江两县志》等，但都嫌于零星，要论最详细、最具有过程感的史料，非这部鲜见人提及的《何汝霖日记》莫属[②]。这不仅因为何汝霖恰好此期间在江宁守制，亲身经历并记录下两次水患的全过程，而且因为何汝霖自道光四年至道光十六年一直在都水司任职，"官水部久，习水事"[③]，所记具有一定的专业水准。

(一) 道光二十八年水灾

道光二十八年的大水，从五月已现端倪，何氏日记载："晴，热极，地又发潮。闻秦淮之水已到十分，相传恐又遭水患，惴惴待之一日。"（五月初七日）"阴，小雨不成阵，仍凉，着棉。共以为发水兆，可畏可虑。"（五月十二日）"夜有月光，天明仍雨，一日未止，凉甚。……说者以为发水之兆，可畏可虑。"（五月十八日）

到了六月上半月，除初三、初七、初八、十一、十二、十五

---

① 姚莹《东溟文后集》卷九，《清代诗文集汇编》第 549 册，第 519 页，

② 道光二十八年水灾，李星沅正在两江总督任上，但他的日记基本不记天象，对江宁水灾情况记述也并不多，让人无法真切感受水灾的严重性。

③ 宗稷辰《何恪慎公墓志铭》，《躬耻斋文钞》卷十，咸丰元年越岘山馆藏板。

外，其他九天均雨，至十三日水灾已成："夜雨一时……道中涌水甚多，且有及膝者，水患已成，可畏可叹。"（六月十三日）可见并非《江宁府城水灾记》所云七月始成水患。六月下半月虽只有十六、廿四、廿五、廿七、廿八有雨，然街道河水仅微退，"轿行深水中，约二三里皆深及膝盖者，稍一失足，即在中央矣。危极险极"（六月十九日）。

进入七月，虽然半数以上为晴天或无雨天①，但江河之水仍日涨，情形不容乐观："所过东西井巷及文思巷，皆冒险行水中，至织造门外，水深三四尺，轿不能入，投刺而回"（七月初三日）；城外"闻河水极大且险，已开数坝，而宣泄仍不能得力，昭关一坝尚未启"（七月初四日）；至"闻两三日内，潮长一尺五寸，未淹处亦淹，城中拜客必绕道数四，上院之司道等官多走数里，苦累不堪"（七月初六日）；"数日来城中水更长，可虑之至"（七月十六日）。至七月十七日，城内被淹已达三分之二："闻昨早所过之寿星桥四条巷一带，水皆二三尺，不能行。而各处报水长者纷纷皆云较廿一年不相上下，合计城内大小街巷被淹者三分之二，危极虑极。"（七月十七日）"未刻又雷雨，水淹之处闻又增多处，奈何奈何较甚于辛丑年水患"（七月十八日）。至二十日，连地势较高、前几次水灾未能淹到的党公巷也岌岌可危："是日江水又长尺馀，较廿一年更大矣。闻数次水患，党公巷皆未上水，正深欣慰，本日对大门之松涛、延龄二巷水皆满道，而本巷口外之花牌楼大街，距巷口仅留三四十步，则前次所未

① 七月初一、初二、初五、初六、初九、十一、十三、十五、十六、二十、廿一、廿二、廿三、廿七、廿九、三十日未书有雨。

有也，焦灼之至。"（七月二十日）为了排减水势，官方打开了昭关坝向里下河泄水，遂使此一地区亦遭淹没，但江宁城中不知何故水势不退反进："闻昭关坝已开，下河又在巨浸矣。可悯之至，想万非得已也。本日城中水又长数寸，奇极。"（七月廿八日）"闻夜来水又长数寸，近本巷又淹几处，奇极危极。"（七月廿九日）"水又长二三寸，殊为可虑。"（七月卅日）

进入八月，江宁城中水灾更为严重，兹表列本月部分天象及水况如下：

天象	水况
八月初一日，晴，又热。	水又长数寸，门外及听事阶下俱有水矣，可怕可虑。
初二日，晴。起暴而未雨。	夜又长水数寸，巷内西边之松涛、延龄二巷水漫已满，渐已上甬路。东口外之吉祥大街亦漫十馀号门面，闻从前水患五六次皆无水至此者。大门外对面亦上水数寸，未知明日大汛又如何也。
初三日，自未正雨，一夜甚紧。	夜，水入厅院门外，已过甬路，即将上厅，可虑之至，而挪无可挪。……大约城内大街小巷被淹者十居八九焉，有若许空屋可以挪居。现惟架木行走，幸上屋尚觉微高，或不至无下榻处也。
初四日，一夜密雨，至巳初方止。未刻又雨。夜又小雨。	大门外路皆漫水，门内厅前、两院约尺许，听事四五寸，木器皆架起，厅后两层院内已积二三寸。

天象	水况
初五日，阴极沉，小雨数次。	水又长二三寸。上房院内皆积二三寸，前层已与阶平，后层尚馀三四寸，花厅院则街水已漫入矣。……闻巷口外花牌楼大街已用澡盆及小湖撒船以运物济人，太平街则水已过胸，轿夫断不敢走。
初六日，阴沉又转燥热。	水未长亦未减，惟祝雨不来耳。传闻街道水深处多有塘与街连，行人误入殒命者，可怜可怜。
初七日，阴晴各半，夜雨数阵。	早起院中积水又长如前日，可怕可虑。渭渔字来，知新廊陈宅从前未见水湮，现在深至尺馀，万难居住。
初八日，阴晦。	水仍未减，并有略高半寸处，计五进已湮其三，只住屋尚高数寸，而不可恃。大约日来统计，城中十淹其九，较廿一年更高二尺馀。四面街道全然不通，朋友断绝往来已六七日矣。
初九日，晴。	水依旧未减分毫。朱起之自他门外坐船直至党公巷口，背之进门，闻沿途浅处三尺，深则及胸及肩，且有灭顶者。
初十日，晴。	水未减。子久来辞行，云……适过卢妃巷，如在大河中行走，可怕之至。遭人在巷口雇湖撒回家，闻之凛然。
十一日，晴，欠爽。	水如昨。午后，赴白衣庵捐局，出门即入深水，二郎庙数十步无水，一入土街口至新街口，则二里馀直如长河一道。唯明瓦廊、大香炉无之。
十二日，晴热。	水又长寸许，奇极。何深秋尚不见退。

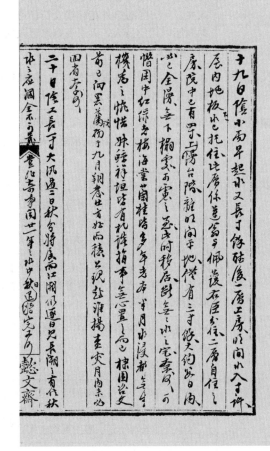

无下榻处（《何汝霖日记》道光二十八年八月十九日）

天象	水况
十三日，昨宵月甚朗，天明复转阴。	院中水已上阶，行将入屋。跳板之门已用竣，除上屋稳坐外，一步不可行，苦极窘极。倘再长数寸，势无下榻处矣。
十四日，阴，小雨数阵。	水又长寸馀，两层上屋水已上阶，恐不免沮洳之患。
十五日，阴凉甚，小雨。午后大雷雨。酉初，雨稍止。戌刻晴，月光朗澈。	水又增寸许。上屋半浸阶矣。
十六日，晴，微凉，午后雷雨，申刻晴。	水长寸许，已上台阶，将入屋矣。
十七日，晴。	水已入上屋槛内，明日又大汛之期，奈何。
十八日，晴。	大汛，水长寸许。厅后第一进上房明间水已满，二进又上阶，焦灼不知何以为计。
十九日，阴，小雨。	早起，水又长寸馀，厅后一层上房、明间水入寸许……二层自住之房，院中已有四寸漫上台阶，离明间平地仅有三寸馀，大约数日内必已全漫，无下榻处。可虑之至。
二十日，阴。	又长一寸。大汛过二日，秋分将届，而江潮仍逐日见长。潮之有信，秋水之应涸，全不可靠，岂非奇事。闻廿一年之水，中秋日始退完，又何前后不同。
廿一日，早阴甚，午刻转热。	水长寸许，厅事院中积至一尺二寸，厅堂八寸，上屋二院六七寸……竟无可挪。

逐日读过，过程如此清晰，竟有一种电影慢镜头的感觉。嗣后水势始渐退，至九月初九日城内"各处仍有二三尺者"，至十月初八"闻水最深各处十露七八，从此大路可通矣"。从六月十三日水灾成，至八月廿一日的高峰，持续两个多月，如果将十月初八视为水基本退完之日，那么整个水灾过程几乎持续了四个月，无怪乎何汝霖感叹灾后"凋敝之象目不忍见"（二十八年十月初八日）。

（二）道光二十九年水灾

道光二十九年的水灾，来势更为凶猛。四月初二至十四日，仅有一日未雨，以致"街巷积潦几如去秋"（四月十三日），这让何汝霖极为担心："计初二至此通计十三日中，无雨者仅一日而阴晦如故，象占恒雨，岂真阴阳闭塞乎，思之懔懔。"（四月十四日）幸之后连日晴和，水得消退，但"淮水甚大，已启四坝，惟义坝未启，上年六月尚未如此。可虑可虑"（四月廿三日）。闰四月后，连雨六日，水势又长，闰四月初三："过文庙，见水已过大成泉。上年日记内，五月廿八才若此，可惧哉，可畏哉。"大成泉，当指夫子庙大成殿后的玉兔泉。闰四月初五："彻夜雨，一日未住。上屋院中已成河矣。闻太平街门楼桥、四相桥俱如去年光景，可怕可虑。幸江潮尚不甚旺，只东关所进山水耳。晴后或可消退。"之后果然连晴九日，官绅乘机聚议如何加高江宁城东西两关及后湖闸板，以应付可能到来的水患。但众说纷纭，难有定议："东西两关每十一洞，建于何时，应塞几？应通几？言人人殊，几成聚讼。"（闰四月十一日）最后众人"所商御水各法，惟急堵东关、后湖闸而已，此外别无主意"（闰四月廿一日），何汝霖认为"东关、湖闸及各处城根涵洞全行堵塞，以防江水之内，特未筹及内河之水从何而出"，并非良法，但也只能"听之而已"（闰四月廿六日）。所幸闰四月下半月仅六天有雨，城内水患尚不严重。

但进入五月，日记中明书有雨之天竟多达十八日[①]，水势上涨迅速。初一"砖石皆吐水，闻太平街、四相桥皆已上水"，初二"闻学宫及锺山书院、旧王府等处，水皆深将及尺"，初八"一夜雨甚紧，自卯至酉正，若倾盆者十数起，院内几满，闻较上年六七月遍城皆水，此时早经过大半矣，甚为焦灼"，初九"城南各街水深将尺者，十居五六。危哉危哉"，官方虽然关闭了东关和后湖闸，但城外江水和山水仍通过闸下渗入，城内雨水及河水通过西关闸泄出后又被新立石闸阻不得出，江宁城内水灾至此而极。兹表列五月部分天象及水灾情况如下：

天象	水况
五月十一日，夜晴，至丑正忽又雨，达旦未住，连绵竟日。	水长五寸馀，街对过各巷已满，不日当即入门矣。遣张福至水西门外看新闸，乃知闸以御江潮，板全下而潮仍从下入。……内水虽出闸，而新闸阻之又不得出，孙通判可谓功在民生，宜乎怨声载道矣！如何如何。
十二日，夜小雨，自卯至戌大雨多次。	沟渠皆满，如上年六月至七月光景，城内通衢处处皆深一二尺及三四尺，可怕可怕。

①五月一、二、四、五、七、八、九、十一、十二、十三、十六、十七、十八、十九、二十、廿一、廿五、廿六日均书有雨。

天象	水况
十三日，寅初大雨如注，越两时辰乃稍减。	处处俱漏，各院水已铺满。厅事及门房则平满四五寸矣。巷口可推盆而行……回忆上年八月三日为子久钱行时，始若今日。水涨如此早，恐灾更重于去年，民何以堪，不忍为之下一语矣。……闻城内几将淹遍。
十五日，晴，较爽畅。	吉祥街、土新街各口及笪桥内南门大街，水自一二尺至四五尺不等……九儿巷则井口仅留数寸，恐亦不免。苞生家除厨房未湮，馀皆宛在中央……我屋水上台阶，再长寸许即进屋，无屋可挪，无法可想，命悬咫尺，听之可也。
十六日，夜阴，竟日小雨，晦暗异常。	水骤长，已入住屋槛内。……挪至家祠住眷并作馆。余住庵内，箱笼搭架存寓，派温、刘、张留此看守，馀俱出城避此大厄。然途中处处涌水，运送维难，脚力贵至数倍。
十七日，寅刻又雨。	早起，水已入明间二三寸。赶忙料理。巳正，先令定保母子前赴九儿巷暂住，缓再出城。惟绕道数里，如土街口、新街口及笪桥市，用数人帮轿，大约至浅者水已二三尺，满道湖撇小船及水盆如织，轿中栗栗如临深渊，遍体汗下如雨。……余乃出城，至永宁庵，与三弟、右臣、佩萱、承祺俱下榻，此地高与城楼相埒。似不虑洪波再至矣。
十八日，一夜雨，申刻有晴意而地仍潮，戌正又雨。	党公巷上屋内水已及尺，幸昨避之速也。与隆法僧登山，遥见城外圩田一片汪洋，城内水已及十之八九，真可悯也。

天象	水况
十九日，一夜大风。辰刻大雨竟日。	子楚来，云圩中逃荒住城外数千人，必有来庙门跪香求向地方官赶给口粮者，恐成巨难，敷衍无法，务求仍寓城内，即有聚众来者，就近可告府县办理，较为省便。告以城内觅屋甚难，渠云已代觅，门西之张姓有新盖之十数间，大可赁住……房极新整而地高新桥丈馀，与三山门矮城头相平，乃决计定议。……目前水势较上年已高二尺，况方兴未艾，未知作何究竟，城内衙署除江邑外，自制军至府县无不移居庙宇，可谓惨极。
二十日，夜雨甚急，已初稍止。	进城，到仙鹤街张宅……九儿巷上屋已上水四五寸。
二十一日，夜，大雨如注，丑刻稍疏。	城中大街皆断，浅者四五尺，皆地皆船，而日见其长，几无生人之趣，竟不敢下一转语，言之泪下矣。……城内多哭声，死者日闻数起，真可惨也。闻廿二年避夷难尚不至此，岂真沧桑之变耶。
廿二日，晴热。得未曾有。	贡院号舍只露房顶，可怕可惨。遣李升、饶升及轿夫四人赴党公巷，取回衣箱十二只，软包箱四个，并各项要物，雇漆板船四只由陆路运来寄内。院中水已灭顶，堆箱上屋则深及腰以上，大门头仅留尺半，其太平街门楼桥及贡院学官东牌楼则深至七八尺及一丈矣。真千古罕有之灾。

天象	水况
廿四日，早，沉阴未雨，午后畅晴。	闻水长一二寸。登护国庵外高堆远望，城外一片汪洋，河与圩相连，无尺寸之土地矣。……日来各亲友凫水来告助者日凡数起，薄薄赠之，已不可当矣。又雇三船将党公巷零物运回。裕昆用船救出难民男妇二百馀人，可称快事。
廿六日，丑正大雨倾盆竟日。	平地皆河，可畏可怜。
廿七日，早阴，午后有晴意。	水长寸馀。稚兰来商煮赈之难，力告以备安民心……闻五台山下堆尸甚多，不忍代想矣。

之后水势渐杀，然水退仍缓，惨象满目。何氏六月初五记："门西数里内避水来一二万人家，可怜可怜。"六月初七记："早，坐船将赴立翁处，行至藩署，与桂山谈多时，其船坐到大堂止，馀则换小撇入园，以门不能入也。方伯住一小斋而坐下仍搭川板，水仍二尺也。此署中水最浅处。因舟行可怕，遂不赴院。"连抚、藩衙门都得坐船而进，水灾之重可想而知。而六月多晴热，水灾未净，旱象又成，民生多艰，不忍再书。十二日记："晴，其热如坐煤炉旁，惟中之气几不接续。何十日如此，而不略转，水灾未退，又值旱灾，岂天意真不可回耶。"六月二十七日记："闻水又退二三寸，一月以来共尺五矣。而深处通舟者，仍有六七尺，未识何时全涸也。"七月初六记："计月来水落将及二尺，而存者尚大于上年二三尺。"七月十日记："知九儿巷水已退净。"直至七月十七日，江宁布政使"署外水仍尺馀"。七月廿二日，何汝霖移居地势较高的九儿巷，为

赴京做准备，因"此宅水浅，不过二尺，退后已略干"。此后关于水势，何汝霖没有记载，想必已不足为患矣。

道光二十八年与道光二十九年两场大水比较，不难发现，道光二十八年水灾持续时间较长，但水势增长较缓，党公巷寓所虽有进水，但尚可居住。而道光二十九年水势来得早且进展突猛，五月中旬即已超过去年八月水位最高之时，十八日"党公巷上屋内水已及尺"，而去年水灾最重时党公巷寓所上屋进水不过"六七寸"（二十八年八月廿一日）；五月廿二日党公巷寓所"院中水已灭顶"。七月初六何汝霖记云："计月来水落将及二尺，而存者尚大于上年二三尺。"可见道光二十九年之水至少比二十八年要大四五尺左右。

江宁的水利体系，"大致由湖泊、河流、城墙水关和沿江堤圩等构成"①。句容治南的赤山湖、江宁城北的后湖（玄武湖）均具有蓄水功能。秦淮河则在通济门外九龙桥分为二支，一支由东水关进入江宁城，从西水关出城，俗称十里秦淮（内秦淮河）；一支为外秦淮河，由通济门经中华门绕行城外，在西水关外与内秦淮复合，合流后向北汇入长江，内外秦淮河亦具排涝抗旱之用。江宁城还建有入城三水关（东水关、下水关、北水关）和出城三水关（水西门之西水关、汉西门之铁窗棂及小水关），其中清溪由下水关入、后湖由北水关入，皆汇于由东水关入的秦淮河，入城的东水关、北水关和出城的西水关最为重要，皆设闸板、涵洞以调控水位。另外，沿江堤坝是拦阻江潮

---

① 徐智《清代南京水患治理研究》，《理论界》2012 年第 10 期。

金陵水利論

金陵金濟公濟著　　里人甘福德基校

金陵山環水遶鍾阜來自東北而向西南大江來自西南而朝東北垣局包羅甚大其中支分潤溢於千雉內者以古秦淮為勝源發自溧水句容環經方山屈曲至中和橋由通濟門上水關入卽東歷鎮淮橋繁迴至三山門下水關出口卽西循龍江關抵燕子磯與江流合六朝宮城在淮水北五里今盧妃巷中兵馬司處卽朱雀門之故地也丹陽郡城在淮水南二里今聚寶東南

汪棟曰束關爲天門其設立十一洞者取天一生水之義利涉橋當天門方亦相沿用水橋欲其進水通暢耳時潴易石工委未及完工卽責院興

《金陵水利论》

的第一关，江边圩田亦有阻止江潮内侵的缓冲之用①。

如何防治越来越频繁的水患，后见之明告诉我们，综合治理最为理想，如疏浚江河湖泊，增固沿江堤防，保护江边生态，维护东西水关等。但前数项所费浩大且为时较长，官绅只能偶一为之，相对而言，维护城内水关功能最易操作。简言之，即在秦淮河水势上涨时，封闭东水关闸洞以防河水、山洪入城，同时保证西水关排水功能畅通；当江潮亦上涨时，西水关及其他各关皆关闭以阻水入城②。在寻找道光二十八年水患原因的时候，何汝霖认为是开启东水关涵洞所致："询之老辈，云自贺藕耕开东关，城中始有此患，前已全闭，廿一年后幸免数岁，上冬培苍、爕园辈又创议开四圈 (原共有十一)，而茅山南水直灌入城，与江潮相顶激而上岸，圩田城市半在巨浸。轻率如此，为唤奈何。" (二十八年六月十三日) 贺长龄于道光五年四月至六年十二月任江苏布政使，道光八年八月至十年十月任江宁布政使，在任期间，佐成漕粮由河运改海运之举；何氏日记中所谓"开东关"，应指贺长龄在任时开启东水关及其十一座涵洞，后因防水全部封闭，而道光二十七年官绅又议开启其中四座涵

① 此段据道光十四年刊康熙间人金濬《金陵水利论》和同治十二年秦宇和跋（收入《中国水利志丛刊》第37册，广陵书社2006年版）以及徐智《清代南京水患治理研究》概括而成。
② 其实江水盛大之时，封闭闸门亦效果不佳，因此时往往雨水亦多，城中水无由得出，水患同样难免。秦宇和同治十二年跋《金陵水利论》云："论者以为东西闸皆下闸，江水山水似可不入城，不知大灾之年，江水固大，本省雨水必大，城中雨水何从宣泄……道光二十八九年城中水高于城外，则闸之不徒无益，从可知矣。"

洞（四圈），何汝霖认为这是加剧本次水患的轻率之举①。但即使水关防堵开闭及时，也是被动的治标之举，不能真正解决水患。其实何汝霖自己也意识到了问题的复杂性，道光二十八年八月初七日其记云："周云褐札商江水涨溢，实由芦洲与水争地，应与大府商办，并引阿文成办过成案，所说不为无见，而事关重大，谈何容易，姑存之。"所谓"与水争地"，当即围湖造田之意，它降低了江河的蓄水功能，不过因为"事关重大"，何汝霖也只好以一句"谈何容易，姑存之"收场。

---

① 对于水关之开塞与水患之原因，清人意见不一。如金鏊《金陵水利论》从风水学出发，认为东水关不可塞："秦淮灌输都邑，为随龙养荫之乳水，观其洒润支河，贯通血脉，然后出西水关，由龙江入大江，复绕钟山之后，真可谓回旋尽致，故开源节流，为一城生聚之所系，不可不讲也。"道光十四年汪正鋆跋云："洎道光之初，上游雨水过多，江潮泛涨，金陵始有水患。昧昧者不谓江潮之为患，而独归咎于秦淮，至十一年水灾，遂有堵塞东关之议。不揣其本而齐其末，抑何愚谬之甚乎。讵知堵塞之后，城内尽成死水，沿河居民不下万馀家，日倾污秽之物，荡涤无从，壅遏愈甚，次年壬辰春夏之交，满河之水变成绿色，腥臭四闻，时疫大作，死者不可胜计。此诚人事之过，而无所辞咎者矣。其时官保陶公闻而心伤之，亟与里绅王竹屿都转妥筹良策，命将关洞疏通，旧设闸板重行修整，并责令北捕通判专司其事，协同绅士不时查勘。如果山水陡发，即督令闸夫将水门一律下板，以资堵御，俟水势少涸，或天时亢旱，仍酌量启放，俾利汲取。是东关既堵而复通，不致卤莽从事，全行堵塞者。"强调"守陶公以时启闭之良法"。同治十二年庄兆熊跋云："城中之水自东入，东方生气，方宜通畅，不宜壅塞，壅塞则与官民不利，通畅则官民皆受生旺元气，即启闭亦因时制宜，不可使之终塞也。"皆不主张堵塞之法。

四 乡居官员的风光与责任

这里所说的乡居官员，是指仍然拥有官员身份、但因各种缘故（如丁忧、守阙、致仕等）暂时或长期居乡的非在职官员。"官员"这个身份底色，使他们享有普通民众无法享受的诸多荣耀与便利，但也必须担负普通民众无须承担的一些责任和义务。

何汝霖位高权重，身份显赫，他乡居时的应酬，除了一般的乡里乡亲，还不乏总督、巡抚、布政使、按察使、将军、都统、织造以及府县等各级官员。以下是他扶柩甫一回乡时的场面：

> 辰初行，巳正抵党公巷寓，安灵后设奠。亲友女眷来去甚多。
> 而先在朝阳门外公祭，将军、制府及司道等皆在焉，可感可泣。
>
> （二十七年十月十七日）

可谓风光无限和声势浩大。道光二十九年其母下葬前，送奠场面同样隆重：

> 亲戚因送奠来者数十人。午刻，制军、将军以下，两府以上来
> 公祭，少坐即去。陪者石生、宝书二公，武职自协镇至守备亦上供。
>
> （二十九年八月初二日）

何汝霖的生日在六月十三日，道光二十八年生日前后，官场亦送礼拜寿，颇为热闹：

> 将军、都统及协、参、游诸公，俱以寿礼来，概宛辞之。
（二十八年六月十二日）

> 合城文武俱来祝寿……幸而远避，否则酬应必苦矣。无论亲友、当事，礼皆全璧。（二十八年六月十三日）

日常生活中他与各级官员互动也很频繁，略举数例：

> 早起，石梧送初二以前京报来……访将军、制军。（二十七年十一月十六日）

> 早起即出门回拜蓬云、织造、两道、一司及府县。（二十八年正月十四日）

> 早，往谢方伯，并回拜傅继勋太守，托带李升回京。（二十八年六月十六日）

> 早，沈太守莲溪来贺年。甫去，制军来深谈一时之久。（二十九年正月初六日）

> 制军送满汉酒席来，云因病不及作春宴，乃转送桂山方伯。（二十九年二月初七日）

上举文中的"制军"及"石梧"皆指时任两江总督李星沅（号石梧）；道光二十八年的"方伯"指傅绳勋，时任江宁布政使，其弟傅继勋，系傅斯年之曾祖；道光二十九年的"桂山方伯"，指继任江宁布政使冯德馨（号桂山）；"沈太守莲溪"指曾任镇江知府沈濂（号莲溪）。不难看出，彼此往来问候，致送礼物，请托关照……乡居官员与在任官员之间实有千丝万缕的联系。值得注意的是，其中"京报"即邸报，主要记录宫门钞（包括皇帝活动、官吏升降及其他朝廷重要活动等）、上谕和臣下奏折，阅读对象通常是具有一定级别的官员，何汝霖虽丁忧乡居，但享有向官府借阅邸报的权利。

另外，清代督抚大员的奏折，为了保险和保密，往往不由驿站传递，而是派专差送达京城，这些专差又称折差、折弁，他们公事之馀，又可顺带为人传递家信，由于折差有规定的往返期限，故这种传递信息的方式既快又安全。何汝霖与督抚关系良好，他的大部分家信，都是通过折差收发，而且督抚拜发奏折之前，往往也会主动派人询问何汝霖有无信件捎带：

> 巳刻发十号信，交督辕折差，即日行。（二十七年十二月初一日）
>
> 督巡捕送信，云十二发折，嘱作信送去。（二十八年六月初十日）
>
> 晚接申十一号京信，四月廿五发，系十六折差回头信。（二十八年五月初八日）
>
> 未刻，折差余回，接申十六号信，初十发，内附祁、祝、何、索四信。（二十八年六月廿二日）
>
> 写申字又卅二号信交差王弁携去，此信尚可于年内回头。（二十八年十二月初五日）

仅道光二十八年，京中就来家信四十封，而何汝霖也往京城发了三十六封家书，其中半数以上是通过折差传递。只此一项，就省去了一大笔开销：

立夫复札，云初十前后方能发折，则家信无处可寄，闷闷。拟由差局专递，又须花廿馀金矣。思之不必。（二十九年闰四月初二日）

如果不由折差捎带，而是通过驿站专递，则一次须费银二十馀两，成本未免过高。因此当何汝霖听说两江总督陆建瀛（字立夫）初十前后才能送发奏折时，情绪显得"闷闷"就不难理解了。

虽然享有诸多令民众艳羡的荣耀和便利，但当国家或地方有难时，何汝霖等乡居官员也有为之分忧的责任，尤其是像何汝霖这样的高级官僚，更要起到表率作用。

道光二十八年水灾，总督李星沅来与何汝霖商议捐赈之事。何汝霖"义不能辞"（二十八年七月廿一日），虽知"捐务一切恐不足济事。奈水势益长，而流离满道，辄唤奈何，竟无忍心坐视之势"（二十八年七月廿四日），于是不仅与士绅"商煮赈各事宜"（二十八年九月十八日），而且捐银两千两为之倡："稚兰太守来，捐赈银二竿，面交携去。"（二十八年十二月十三日）

道光二十九年水灾，他不仅捐款修建浮桥以利行人："闻新桥有将断之势，与房东熟商，拟搭浮桥以济人行，且可保护也。"（二十九年五月廿二日）而且积极与官绅商议救灾诸事："午后制府由陆路泛舟来访，商办救荒急务，相与妥筹数事。"（二十九年五月廿二日）"耆壬来谈救荒各策。屠、方两明府来商时事，告以赶设粥厂以安人心。城外大寺院安置灾民，以备富家散给馍饼与钱文，并先以船救出被水而门不能出者。赶议抚恤，务令沾实惠，稍迟则所济无多矣。"（二十九年五月廿一日）当官绅有畏难情绪之时，他还垂泪力劝：

"粥厂之多设分设，为救荒第一要务，而各当道皆难之，绅士遂附和不办，灾户嗷嗷，立望其死，忍哉忍哉。再四宛劝，并痛哭言之。"（二十九年五月廿八日）即使在临近返京之际，他还在与官绅"商办冬赈事宜"（二十九年七月初十日），"共商义赈各务"（二十九年八月十三日），可谓惓惓在民。

正是在这两次水灾和赈灾过程中，何汝霖深刻感受到基层官吏的愚昧、麻木、自私和腐败，不妨以孙炳炜、徐青照和沈濂三人为例略加说明。

孙炳炜是江宁北捕厅通判^①，官居六品，北捕厅平时负责水上缉捕工作，因此也较多参与水灾防治的决策工作。鉴于道光二十八年城内水灾主要由江潮引起，孙通判在道光二十九年时于西水关外又增建一道石闸。其意可能是在水灾来临之际，既闭东水关防河水入城，又开西水关排泄城内积水，同时在西水关外筑新闸以防江潮涌入。但何汝霖认为极不妥："东关三洞进水，西关则仅一洞出水，且旧皆十一洞，其十皆不通外，岂有合城之水专赖一门宣泄。且十闸皆有闸板，日久为积土所淤，旧式晓然，办工者均不体察，再疏数洞以畅其流，近又于闸外再添一闸，岂水之出闸复为外闸所束乎。孙通判之不通而谬，可恨万状。"（二十九年闰四月十三日）此闸之立，计费银四千馀两，何汝霖愤然曰："非徒无益，而又害之。孙

①据《同治上江两县志》卷十三《秩官》，江宁府设有"知府一员，从四品；理事同知一员，正五品；江防船政同知一员，正五品；督粮同知一员，正五品；南捕通判一员，正六品；北捕通判一员，正六品；教授一员，正七品；复设训导一员，从八品；照磨一员，从九品；检校一员，未入流"。

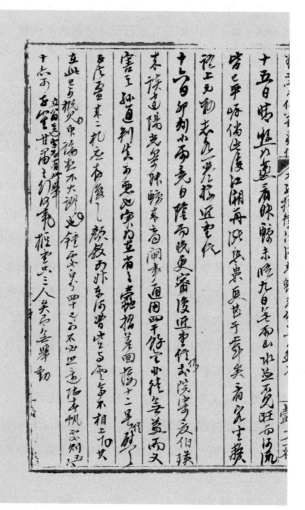

孙通判真可恶也(《何汝霖日记》道光二十九年闰四月十六日)

通判真可恶也，实为在省之蠹。"（二十九年闰四月十六日）"上年患在江水之人太骤，本年则江潮未至，孙通判力塞其出，可恨已极，言者均有食肉寝皮之愿。"（二十九年闰四月十八日）事实证明新闸确实有害无益："遣张福至水西门外看新闸，乃知闸以御江潮，板全下而潮仍从下入。旧闸则全无所馀。内水虽出闸，而新闸阻之又不得出，孙通判可谓功在民生，宜乎怨声载道矣！"（二十九年五月十一日）最后被两江总督陆建瀛（字立夫）指示拆除："立翁制府来深谈……西关新添之闸，无益有损，刻即启板，缓拆去新闸为是。"（二十九年七月初七日）可笑的是，面对争议，奉命查巡的胡道台却支持孙通判："制军札来，并夹批胡道查河禀词，真可笑也。所说全捏词护孙通判……禀内有'东关闭则后湖之水不能穿城而入'之句，后湖水不由东关入，岂不可笑，他多此类。"（二十九年闰四月十九日）后湖水由北水关入城，胡道台连此都分不清楚，真可谓是糊涂道台。

徐青照字稚兰，浙江山阴人，寄籍顺天大兴，道光二年进士，道光二十四年至二十九年任江宁知府，道光二十九年五月升庐凤道，未赴即卒。何汝霖本来对他印象不错，认为他在道光二十八年的府试中"颇为认真"（二十八年五月十一日），"极为认真，每场皆子刻点名"（二十八年六月初三日），赈捐伊始，也认为他"沿途渡水，恭邀各绅设局商量，亦良苦矣"（二十八年七月廿二日）。但随着赈捐的展开，何汝霖改变了看法："北捕孙小轩炳炜来见，言捐局绅与官不和情形甚悉。立卿、畸人之急、礼田之谬、稚兰之笨，又无担当，上面全无忌讳，以致口舌互起，可笑之至。"（二十八年九月初七日）不再认为他是一个认真而能吃苦的官员，转而认为他是一个不胜任的

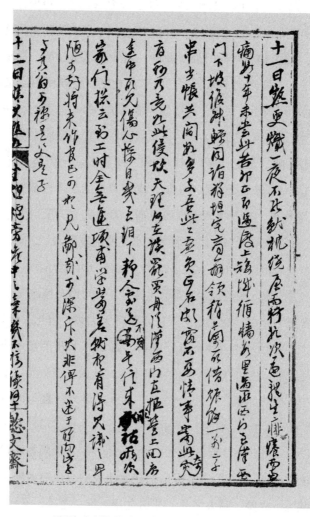

天理何在（《何汝霖日记》道光二十九年六月十一日）

笨官。到了道光二十九年水灾后的赈济，徐青照不仅推三阻四，而且还伙同上元、江宁二县知县，欲侵挪上年赈馀之款，何汝霖认为他"虚负正名"，至此终于露出老底，愤然把他归于坏官之列："祥垣、子楚来商稚兰私动捐馀钱万二千。'□'字上改'借'为'提'，直欲侵丰备仓公项，必扣留在省，以便算账。闻系挪偿方令亏款也。可恶已极。又言粥厂之设，制军原无成见，一府二县，多方阻之之故，其议遂改，且折内已说明动仓中生恩银九千馀，作抚恤之用并未与绅董商议，亦由稚老怂恿也。猝遇奇灾，地方官漠不关心，但图侵挪公项，吏治之坏如此，可恨哉。"（二十九年六月初二日）"候叔鲸同诣祥垣宅，商办领稚兰所借赈馀一万二千串，出帐共阅，数多支吾。此公虚负正名，颇露不妥情事，当此奇灾，府县乃竟如此侵欺，天理何在。"（二十九年六月十一日）"知稚兰帐虽呈出而款目多牵混处，不能服人，此公到此泄底矣。"（二十九年六月十六日）但徐青照旋即去世，何汝霖也未为已甚，给予了一定的同情："稚兰作古，情殊可怜。"（二十九年七月初九日）"复仲升先生及唁稚兰并奠分，明辰拟交沈太守。"（二十九年七月廿九日）

继徐青照之后的江宁知府是沈濂，他是沈钧儒的曾祖，字景周，号莲溪，浙江嘉兴人，道光三年进士，曾任镇江知府。接任江宁知府之前，他与何汝霖关系尚洽，但道光二十九年五月接任后，其赈灾表现令何汝霖恶评不断："林章甫来谈府县视民灾甚不紧要，闻制军所议，颇叹其迂，而沈濂尤滑不可名。言秋冬大赈，必糟可知。徐之糊涂，私挪捐款，已属不成事体，沈则深毖之，而反与众绅为难。秣陵吏治坏极矣。"（二十九年六月十七日）"子楚来，言晤沈太守，全无怜悯之意，惟孳孳以赖捐款为能，外宦如斯固不足怪，而居心则不堪问矣。"（二十九年六月十八日）"早赴护国庵看章甫，谈抚恤事，甚言沈莲溪全无人味，毫不关心，凡督藩所急办者，多方阻挠，真无心肝者也。"（二十九年六月十九日）"水继以旱，何灾之重如是。昨章甫请发抚恤银，沈濂揹而不予，林遂欲动义赈生息之银，商之祥垣，复书甚痛快，乃以原书送林阅之，其议乃罢。沈濂巧计百出，又在稚兰之右。此间吏治之不堪，真堪痛恨，惜无直指者耳。浮沉皆浙人，固宜如此也。"（二十九年六月廿日）"章甫来云昨见沈濂，处处留难，掣众绅之肘，真阴滑人也。"（二十九年六月廿一日）官绅立场和想法容有不一致之处，但当此民生艰难，饿毙在即之时，不以赈济为急务，说到底也是有亏官守的。

有意思的是，何汝霖将官员不肯用心地方赈务的某些原因归结为是外籍人任地方官，造成对所辖地方只问政绩不问民生。徐青照和沈濂都是浙江人，所以何汝霖云"浮沉皆浙人，固宜如此也"，上元县令屠元瑞是大兴人，江宁县令方传尹是桐城人，所以何汝霖借评沈濂云"外宦如斯固不足怪"。虽然何汝霖是朝廷高官，但他同时又是乡里的一员，需要为地方争取利益，从这个意义上说，他在一些问题上代表着绅的立场，与江宁地方官员的步调并不完全一致甚至有所对立 ①。这也是他居乡屡觉其苦的原因之一。

---

① 比如李星沅就很欣赏徐青照，当何汝霖说他笨时，李星沅认为何也许是听了乡绅的谗言。《李星沅日记》道光二十八年九月初八日："雨人来谈，颇以稚兰为笨，疑祥园与沈瑞不合为之构煽也。捐局仅逾四万串，即令议撤。"中华书局1987年版，第759页。

五　馀论

　　宋代的两个大文豪庐陵欧阳修和眉山苏洵开创了宋以降的家谱体例 (欧苏谱式)，强调敬宗收族，但是欧阳修晚年退居于安徽颍州 (今阜阳)，苏洵的儿子苏辙晚年也退居于河南许州 (今许昌)，他们为什么不回到各自的故乡居住？也许其中一个重要原因，正是敬宗收族的观念，使宋代官员一旦入仕，照顾族人似乎成为一种义务，有的甚至为之入不敷出[①]，负担过重，故不得不有所逃避。清代于此，似过之而无不及。常见达官显宦，因食指浩繁，而负债累累者。对于他们，家乡既是乐土的象征，又是烦恼的渊薮；既是心灵中永远避风的港湾，又是现实中急欲挣脱的梦魇。何汝霖应该也兼有并亲身感受到了这种矛盾吧。

　　何汝霖的归乡，多半是出于无奈。他返乡时借寓陆公巷，已说明其本没有在家乡置产的打算。出于风水和习俗，他要将亡母安葬于故土，这才回到了阔别二十多年的家乡[②]。由于占有强势地位和优势资源，何汝霖本来居于食物链的上层，但回到故乡，道德和情感上的反哺压力急剧飙升，为了维持他的名望和身份，他经常要付出更多的实际利益。比如道光二十八年的赈捐，他由于帮衬太多，花销太大，手头已不宽裕，正在为捐一千两还是两千两之间而烦恼，但是李星沅却劝他须"捐二竿，方与现在地位相称"(二十八年十一月

[①] 参张剑《宋代家族与文学——以澶州晁氏为中心》，北京出版社 2006 年版，第 73、第 82 页。
[②] 据何汝霖《知所止斋自订年谱》，何上次回乡是在道光二年 (1822)。

三十日），最后何汝霖只好勉力筹措两千两捐出。又如他在受到乡亲艳羡和抬举的同时，却也必须考虑他们各种的告帮和请求，才能避免忘恩负义、不念旧情之类的道德指责。他像一只肥硕的昆虫，掉在纵横交错的人情大网中无法挣脱，而周围趴满了各种垂涎已久的蜘蛛。因此他才有时悲叹"家乡之人事，其坏如此""家乡凡稍有馀者，皆设法弄之以索钱，真不可居之地"（二十九年三月廿九日）。

何汝霖还不幸遭遇了两场大洪水，他如照相机一般记录水灾过程，留下了珍贵的气象水文资料；同时作为一位年近七旬的老人，他也饱受水灾的折磨："卅馀年来，甫经旋里，卒遇此灾，亦时运所值也。如何如何！"（二十八年八月初三日）"跬步不能，实无生人之乐。七十衰翁，何以堪此。"（二十九年五月十四日）"再四思维，竟无良策。此数十年未尝之苦也。"（二十九年五月十七日）"一夜不能就枕，绕屋而行数次，遍体生痱，痒而多痛，数十年未尝此苦。"（二十九年六月十一日）这是生命个体的真实质朴的呼喊，不以穷达而易之，同样显得珍贵。

除了对仆人、塾师之流的素质感到不满和无奈，对亲朋好友的纠缠索取感到厌倦和可笑，对自然环境加诸身心的摧残感到痛苦恐惧，何汝霖对于地方的吏治风俗也痛心疾首，他经常指责江苏吏治之坏，甚至将水灾的原因也归结于此："彼苍之怒甚深，良由江省近日吏治人心风俗，事事皆坏到极处也。"（二十九年六月初十日）相对而言，仆人与塾师是最近身的一个圈层，居于小家庭之外的亲朋则是次近身的圈层，而自然生态（如水灾）和政治生态（如官场吏治）则构成了何汝霖居住和活动的更远但也更大的圈层，每个圈层都会对处于中心点的何汝霖产生反射影响。当种种反射影响皆非良性时，何汝霖如八面受敌，不由悲叹："事无大小，万分懊恼，受气着急，难以枚举，此数十年未尝境也。苦也何如，为日方长，恐难支架，老运之坏，一至于此，可怕可怕！"（二十八年八月廿日）

何汝霖的坦率和犀利，使其在日记中能够深窥生活的底色，痛快淋漓地展示自己"在南度日如年之苦"（二十八年十月廿九日），他将别人日记中不想写、不敢写或者轻描淡写的乡居不愉快的一面浓彩绘出。

> 人心叵测，可恶可畏，居乡诚不易也。（二十九年四月初三日）

何汝霖无所顾忌的书写，让我们看到官员乡居生活的另外一面，看到一个陌生又熟悉的社会①。

---

① 本文主要从何汝霖的视角来叙述，自然会受其视角局限。如在何汝霖笔下如此不堪的夏家铣，在其他史料中却是忠义凛然的形象；再如何汝霖对其侄孙承祜几无褒词，但在其子何兆瀛的《家书汇存》里，承祜除了字写得确实较差外，其他方面表现尚可："承祜之为人要算十分老成佳子弟矣，近来常令其会人说话，竟能不突不竭，甚中款要，看来主簿一席，必可游刃有馀。"（道光二十八年三月廿六日信）这也提醒我们必须结合更多的史料，才能对研究对象有更立体、全面、客观的把握。

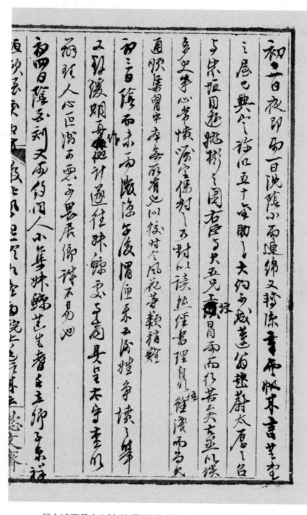

居乡诚不易也（《何汝霖日记》道光二十九年四月初三日）

第二章
勿药元是梦：四位名臣日记中的疾病书写

　　医患关系是一个复杂的社会问题，其中疾病是连接两者的纽带。历代名医医案中不难搜获大量对疾病、患者和治疗过程非常生动的描述，但是难免夸大和粉饰，许多医案医话文采飞扬，直可作一篇笔记小说来阅读。不过只听一面之辞显然是武断、片面和不可靠的，我们还应倾听来自患者或患者家属的声音。而日记，就是我们发掘此类材料的宝库。然而遗憾的是研究者对此的重视还远远不够。另外，虽然作为社会史的医疗史研究近年逐渐得到国内学者的关注，如余新忠的《清代江南的瘟疫与社会——一项医疗社会史的研究》（中国人民大学出版社 2003 年版）及其主编的《新史学》第九卷《医疗史的新探索》（中华书局 2017 年版）都是引领风气之作；但是利用晚清日记来做医疗史研究的论著却并不多见，较有分量的专著仅见有张瑞博士的《疾病、治疗与疾痛叙事——晚清日记中的医疗文化史》（南开大学 2014 年博士论文）。

　　本文选取了季芝昌、曾国藩、廖寿恒、鹿传霖四位晚清重要人物的日记，但并不是对他们日记中所涉及医疗文字的全部描述，也不着意去揭示医患之间的复杂关系，而是在借鉴医疗史相关研究方

季芝昌像

法和成果的基础上，将重心仍落于人物史的研究；本文主要揭示了四位朝廷名臣作为病者（季、曾、鹿）或病者家属（廖）的经历与感受，并藉此对人生相关问题有所思考，希望能在人物史与医疗史相结合方面做出一点尝试。

一　季芝昌的引疾归

季芝昌（1791—1861），原名震，字云书，号仙九，别署丹魁堂主，江苏江阴人。道光十二年进士，授编修。十三年，督山东学政。十九年，晋詹事，典江西乡试。二十年，督浙江学政。母忧归，服阕，擢内阁学士。二十三年，授礼部侍郎，督安徽学政。二十七年，充会试知贡举，署户部左侍郎，兼管三库事务。二十八年，调补户部仓场侍郎，命偕定郡王载铨筹办长芦盐务，清查天津仓库。二十九年，偕大学士耆英赴浙江阅兵，并清查仓库，筹办盐务，授山西巡抚，未一月，召署吏部侍郎，命在军机大臣上行走。寻授户部侍郎。三十年，擢左都御史。咸丰元年，出为闽浙总督。二年，兼署福州将军，寻以疾乞休。久之，卒于家，谥文敏。

季芝昌道德、事功、文采俱佳，很受道光帝赏爱，帝曾谕王大臣曰："季芝昌人明白，能办事，操守好，朕所素知。"以侍郎入军机者，向书"在军机大臣上学习行走"，道光帝特谕不必写"学习"二字，以示特殊恩遇。咸丰帝对季芝昌亦很器重，登基不久，即命其出为闽浙总督，寄以海疆重任。是时季芝昌年甫六十，假以时日，入阁为协揆甚至拜首揆都有可能。但是他却急流勇退，引疾而

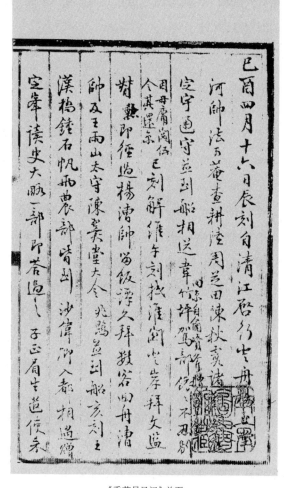

《季芝昌日记》首页

归，时人多所不解。曾国藩在《闽浙总督季公墓志铭》中就发问："当公在闽引疾，方怪宏才若彼，重任如此，何遽谦让勇退？"《清史稿》本传赞美他是"奉身而退""见几知止"。其实他们均未注意到一个简单的事实，季芝昌的引疾辞官，并非是厌倦官场或是知止全身之道，而是因为他的确有病不堪重负。这一点，我们从藏于南京图书馆的六册季芝昌日记手稿①中可以获得更多的信息。

据季芝昌之子季念诒说，季芝昌"体质素本强健，服官中外，竭虑殚精，五旬以后，心气渐形不足"（《丹魁堂自订年谱》跋语）。可能由于"竭虑殚精"而积劳成疾，季芝昌在道光三十年庚戌得了一种严重的肝疾：

> 昨稍受风，触动肝疾，辰巳间腹胀大甚，颇有横决之势，逾时食豆蔻稍定。（咸丰五年五月二十日）
>
> 盛暑肝气稍平，而时时呃逆，冔田来换方，中虚气弱，老病骤增，可胜感喟，夜以呃逆少眠。（咸丰五年五月二十二日）
>
> 肝气大作，勉强酬客，客去亦不能送。虽呕吐不松减，腹如重物压之，至夜半疲睡乃痛止。（咸丰五年七月十三日）
>
> 肝疾屡发，面目皆有黄色，庚戌春间在京病状相似。（咸丰五年七月十五日）

虽然道光三十年季芝昌日记缺佚，但借助其咸丰五年日记，亦

---

① 季芝昌日记现藏南京图书馆，稿本六册，时间起止为道光二十九年四月十六日至九月十三日，咸丰元年六月十六日至咸丰十年十一月二十九日。

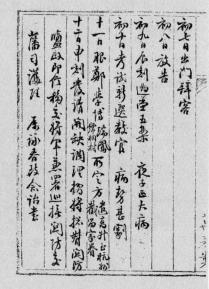

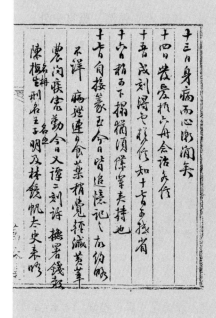

《季芝昌日记》咸丰元年闰八月初九至十六日

可以推断道光三十年春天的这次肝疾，症状为腹胀、呃逆、呕吐、少眠、全身发黄，应属肝胃不和，中医称"呕逆""肝郁""黄疸"，今天西医诊断属于"慢性肝炎""胆汁反流性胃炎"之类疾病。肝脏是人体各种物质合成和分解的化工厂，较重的体力劳动和紧张的脑力劳动都会加速物质代谢，加重肝脏负担，一旦患了肝病，便意味着不宜从事高强度的体力或脑力劳动。

但是季芝昌未能得到适宜休息，反被授任公事更为繁剧的闽浙总督，再加上途中奔波，结果尚未到任，肝疾又发：

> 卯初行，巳正一刻黄田驿尖……是日秋暑不可耐，体中甚累，灯下了公事数件，就睡稍迟，竟夜不寐，肝疾复作，惫苦异常。（咸丰元年八月二十三日）

八月二十六日上任接篆，勉力工作不到一个月，又添新病，终于无法支撑，上奏请求开缺调理：

> 闰八月初九日：辰刻过堂五案。夜子正，大病。
>
> 初十日：考试新选教官。病势甚剧。
>
> 十一日：服郑学博瑞凤，号桐村所定方。
>
> 十二日：申刻发请开缺调理折，将总督关防、监政印信移交将军，兼署巡抚关防交藩司护理。
>
> 十六日：稍可下榻，犹须仆辈夹持也。

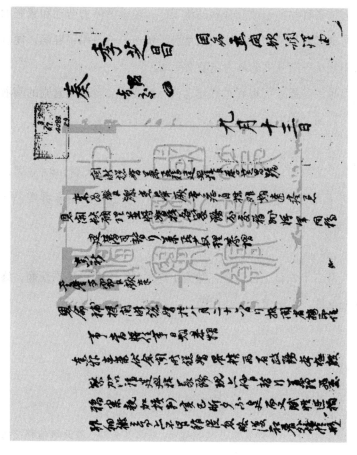

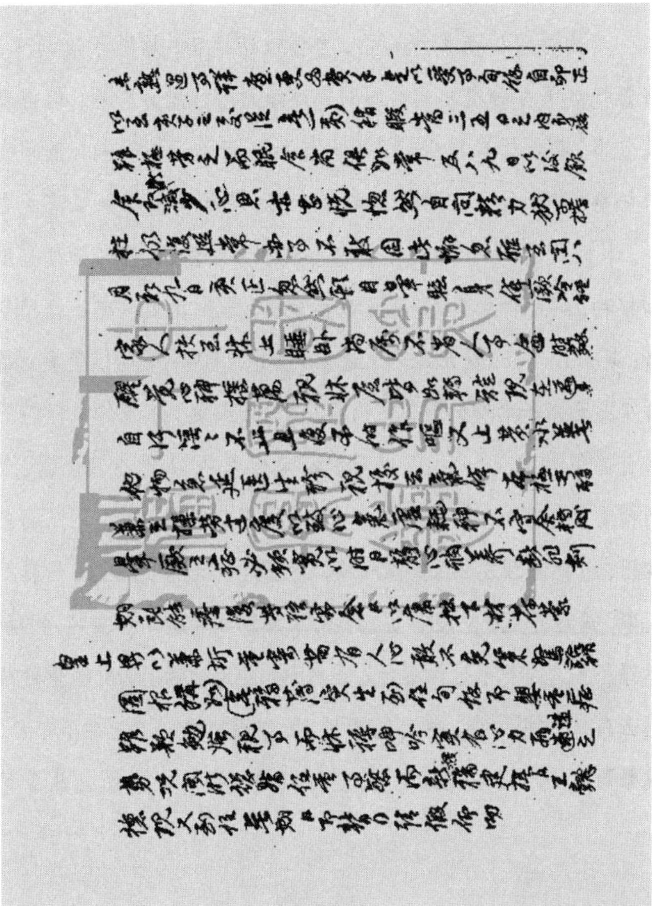

中国第一历史档案馆藏军机处录副奏折（二）

此处仅言"大病",而未言何病?季芝昌闰八月十二日的"开缺调理折"内有较详细的描述:

奏为微臣骤患晕厥重症,自揣难期速瘥,恳恩开缺调理,并将督抚各篆务分交福州将军同福建藩司暂行兼署护理,恭折奏祈圣鉴事。窃臣钦奉恩命,补授闽浙总督,于八月二十六日抵闽省接印任事,当将任事日期恭折奏报在案。伏念闽浙总督管辖两省政务,本极殷繁,加以福建巡抚篆务现亦系臣暂行兼理,两处福案亲加核判,实已昕夕不遑;而又赋性迂拘,虽细微之事亦不肯稍从忽略;复初署外任,情形未熟,遇事详查,更为费手。是以受事旬馀,自卯正至亥子之交,无一刻稍暇。当三五日之内,身体虽极劳乏而眠食尚俱如常,及八九日以后饮食即渐减少,心思亦甚恍惚,然自问精力尤可搘拄,仍复照常办事,不敢因此懈忽。讵至闰八月初九亥正,忽然头目昏眩,身体厥冷,经家人扶至床上睡卧,尚属不省人事,逾时苏醒,觉心神摇荡,视床屋皆如转旋。现在遍身自汗,淫淫不止,且复不时作呕,又止黄水,并无他物。急延医生诊视,据云气体本极亏弱,兼之操劳过度,以致心气虚耗,神不守舍,转成晕厥之症,必须宽以时日,静心调养,断非刻期所能瘥复等语……①

咸丰六年四月廿四的日记中也有追忆:"晨起头晕大作,呕吐

---

① 中国第一历史档案馆藏军机处录副奏折。

不已，如初至福建时病状，终日不能离床。"原来主要症状是"头晕"，从"心神摇荡，视床屋皆如转旋"以至呕吐出黄水（胆汁）的描述看，应该属于晕厥重症，西医原称为"美尼尔氏综合征"①，季芝昌属于较重型，自然会丧失正常的工作能力。季芝昌在《丹魁堂自订年谱》"咸丰元年闰八月初九日"条云："骤患晕厥，自揣难期速痊，沥情奏请开缺调理。"恰可与相关日记、奏折参照对读。

后来经过一段时期的治疗和休息，季芝昌的病情有所好转，再加上咸丰帝不允开缺，只允给假一个月调理，因此季芝昌假满后又照常就职；至咸丰二年四月，头晕复作，且心神恍惚、眠不安稳，实难正常履职，不得不再次请求开缺。季芝昌《丹魁堂自订年谱》"咸丰二年"条曾自述："自四月中旬，旧患头晕复作，心神摇荡。……多方调治，而心血过亏，证已类似怔忡，非旦夕所能痊复。不得已，奏请开缺声明。"此期间的日记则记载如下：

咸丰二年四月十一日：巳初出东门，至东岳庙，劝赏老壮农夫计一百七十一名。连日体中不快。

十三日：见客。先邀徐巡捕诊脉，郑桐村来，定方服之。夜雨。

十五日：以病不能行香，火神诞辰，于署内行礼。春岩来。郑桐村来诊脉。

十七日：连日因浙事甚忙，不自顾疾之在体也。夜雨，自草附

---

① "美尼尔氏综合征"是世界公认的疑难杂症，主要症状表现为如同乘船于大海巨浪中，站立不稳，恶心、呕吐，感觉自身、周围景物在旋转，天地都在旋转，伴有出汗、耳鸣等，至今该病找不到特别有效的治疗手段。

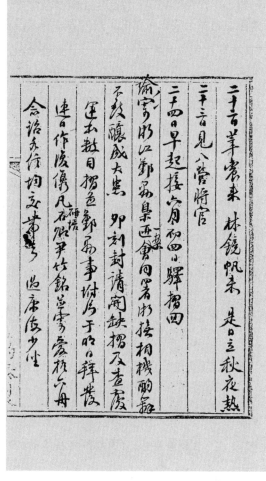

封请开缺折（《季芝昌日记》咸丰二年六月二十四日）

陈病体情形一片。

二十八日：见客，箭道考校十四人……半夜未寐，虽食药无裨也。

二十九日：闷怀益甚，心疾较月望前尤剧。

五月十九日：郑桐村来诊视。时有大风，亦有飞雨，拟乞假一月，属首府告之中丞。

二十日：见司道、中军、首府。莘农来。春岩来，与定二十五日交篆。

二十五日：卯刻发折，辰刻交印。

六月二十四日：卯刻封请开缺折及查覆运本数目折，并鄞县事附片，于明日拜发。

二十五日：辰刻发折。

所谓"心疾"，即《丹魁堂自订年谱》中"心神摇荡"的"怔忡"之症也。"怔忡"乃中医叫法，西医无对应名称，大约指气血阴阳亏虚而导致的心律不齐、心神不安、睡眠不稳、难以自主等症状。这才是季芝昌无奈辞官的真实原因。不过，由五月十九日与二十五日的日记，可知伊始季芝昌只是想请假一个月（五月二十五日至六月二十五日）调理身体，但是由于效果不佳，假满后始决意奏请开缺。由六月二十四的日记，可知季芝昌此次奏请开缺的具体时间在咸丰二年六月二十五日。

之后该年的日记，仍不断有郑桐村来诊视的记录，可见季芝昌病体一直未能痊愈。而其七月二十五日与九月初三日的日记，则分别记录了咸丰帝对于其乞假一个月的奏折与奏请开缺折的批示：

七月二十五日：郑桐村来诊视。吏部递到七月初一日奉上谕："季芝昌奏旧疾复作，恳请赏假调理一折，季芝昌赏假三个月，安心调理，闽浙总督着王懿德兼署，钦此。"乞假一月而恩赏三月，不知开缺折到，能邀俞允否耳。未刻雨，竟日阴凉如昨。腹泻幸愈，尚不食饭。

九月初三日：雨时作时止。司道见，过康海。酉初接批折，开缺折奉朱批："着暂缓开缺，俟假限已满，再行酌量。海疆要地，一切吏治营伍实赖卿整饬，卿其缓缓调理，不可性急，钦此。"感蒙温旨慰留，不敢再行续请，拟赶紧再加调治，暂且回任听候谕旨。

请假一个月而给假三个月，又答应假满后视情况而定，足见咸丰帝对季芝昌的厚爱与倚重，这也令季芝昌不得不感恩戴德，在假满病体仍未愈的情况下力疾工作，并如实拜折陈奏：

九月初十日：换戴暖帽，见客较多，并酌改回任奏稿，惫不可支，几欲卧倒。

十一日：霜降，本拟出门拜客，演习步履，以昨病不果，仍邀桐村诊视。

十五日：见司道。巳刻接篆，拜折。

咸丰帝见到季芝昌假满病仍未痊的奏折后，才终于批准他开缺回籍调理：

> 十一月初九日：酉初二刻接准部咨：十月十五日奉上谕："季芝昌奏假限已满，病尚未痊，暂行回任一折。季芝昌病体尚未痊愈，着加恩准其开缺回籍调理，钦此。"感沐圣慈，曲体得释仔肩，真不才之幸也。夜少寐，丑正即起。

由于季芝昌在江阴故里没有置办田产，咸丰二年十一月十五日他交卸后并没有返回江阴，而是到常熟做起了寓公。从季芝昌归田后的日记看，他的身体得到了较好的恢复，虽然年纪愈加老迈，但严重的怔忡和晕厥只在咸丰四年九月和咸丰六年四月发生过：

> 咸丰四年九月十三日：补眠未稳，颇似怔忡复发。
>
> 二十四日：怔忡不可耐，早就睡。
>
> 二十五日：竟日寂静无一事，怔忡稍减。
>
> 二十九日：怔忡差间，渐可观书。

> 咸丰六年四月二十四日：晨起头晕大作，呕吐不已，如初至福建时病状，终日不能离床，延寯田诊视食药。
>
> 二十五日：食药稍可扶杖出户，一至书斋。竹亭、昆圃皆来问疾。
>
> 二十七日：体倦尚未能饭。

二十九日：头晕仍作。

三十日：晕眩不减，邀夐田来诊视食药。

而肝疾大发也只有咸丰五年那次。至于感冒、脚气、腿肿、便秘等，皆是老人常见病，不足为怪。不过，咸丰六年十二月，季芝昌由于中风造成足软的后遗症，倒是给他的暮年生活带来了更为日常性的不便：

十二月初十日：晴。研培来同饭。左足忽然无力，履地不仁。

十三日：晓起下床倾跌，左足益疲曳不任步，两人扶持，甚累，夐田来诊视，夜服再造丸。

十四日：病势有增无减。夜仍服再造丸。

十六日：晓服再造丸。……坐椅而行。

季芝昌咸丰六年之后的生活，其子季念诒在《丹魁堂自订年谱》跋语中有简要描述："丙辰复得偏中之证。时已奉在籍团练之谕，足痿不能出户，惟与远近官绅函商办理，并捐赀以为之倡。暇则展卷、课孙、浇花、种竹，与二三老友迭相倡和。去年四月金陵兵溃，苏常失事，块然独坐，愤懑益深。夏杪感受暑湿成疟，又值贼踪四出，乡团溃散，居民惊扰不安，不孝乃涕泣坚请移寓通州。方冀渐远烽烟，可以安心调理，讵意抵通后，泄泻复作。时不孝奉派办团，羁留公局，闻信趱行省视，亟进医药，而病势已日加剧矣。北渡之前，猝遇萑苻，服饰、衣资悉遭肤夺，至通几无以为生，府君处之淡然。谓不孝曰：'我清贫之况，素所习惯，身外之物，亦何足深惜。'乃九十月间，迭闻都门警报，肝气上逆，食入即吐，勉进清补降逆之剂，迄无见效，竟于十一月三十日亥时弃养。弥留之际，神明不衰，犹以逆焰方张，未能力疾从戎，上负恩遇，伏枕流涕而绝，呜呼痛哉！"

有意思的是，南京图书馆藏季芝昌日记手稿中夹有一页稿纸，上书"预备遗折"，内容系季芝昌事先拟好的遗折草稿：

前任闽浙总督臣季△△跪奏为天恩未报、臣病垂危、伏枕哀鸣、仰祈圣鉴事。窃臣一介寒微，蒙宣宗成皇帝特达之知，由翰林两遇大考，超擢溥跻卿贰，叠掌文衡，外膺旌节，内直枢廷。皇上御极之初，日侍天颜，一载有半，仰承简任总宪，充实录馆正副总裁，旋命出督闽浙。方期勉效涓埃，稍酬恩遇，嗣因病患缠连，上廑宸念，屡沐温纶劬慰，宽给假期，卸任后犹蒙赏戴花翎。凡此两朝优渥，实深衔结毕生。自咸丰三年回籍，侨寓常熟，适值江、镇等府贼警，谕令协办团练、劝捐事宜。臣足痿不能出门，愤懑填膺，恨不力疾从戎，身亲金革，又不克趋诣阙廷，一申依慕积悃。每逢地方官、邑绅就臣寓相见，时时勉以大义，熟商妥办。仰赖圣主洪福，苏、常一带幸保无虞。臣旧病未痊，六年十二月复婴偏废，医疗无灵，本年元气日竭，病势益增，桑榆之景难回，犬马之情何极，从此长辞圣世，哽咽不胜。臣惟有遗嘱臣子翰林院编修念诒、长孙正二品荫生纶全、次孙邦桢清勤供职，黾勉读书，竟臣未竟之志，以仰报鸿慈于万一，衔哀馀喘，无任恋结之至。谨奏。

聖主見時～勉以大義勉高岳器仰新

聖主洪福蘇常一帶半壁安奠臣籌病未痊六年
　七月後嬰昧疾彌療與霍
　氣日蘭病勢益増来椿～京雄田犬馬之情
　何極泣此長愛
聖聖嗳咽不勝臣催有遺隔臣子翰林院編修叅珞
　長孫正品應生倫全次孫山邦積清勤供
　職道勉讀专亮臣未亮之志以仰供
漒意于萬一衡歲餘嵩安任恋緒～玉修
　奏

凡此
天恩優渥俯廪愛係

甲寅原稿丁卯添改已未亲録

季芝昌预备遗折

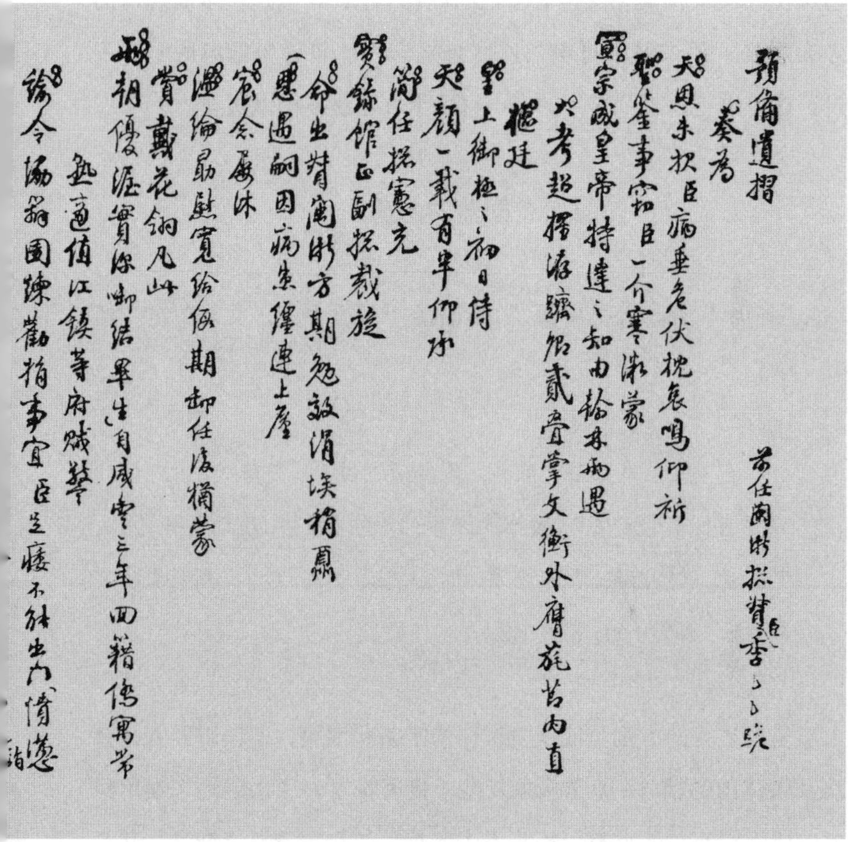

预备遗摺

奏为

天恩未报臣病垂危伏枕哀鸣仰祈

聖鑒事竊臣一介寒儒荷蒙

宣宗成皇帝特達之知由翰林致用

皇考超擢游臚加贰臯掌文衡外膺疆寄内直

樞廷

上御極之初日侍

天顔一載百凡仰承

命出督陝�@方期勉效涓埃稍圖

簡任�ᄆ憲充

纂錄館正副總裁旋

奉召入直宁念靡休

邇倫助慰寬恕備期卻任冒遭蒙

賞戴花翎凡此

洪優渥實深御结㠯自咸豐三年四籍傷寓荐

胡@@㠯鎮等府賊肇

熱重偵江@

飭今協翁圖練勸捐事宜臣生痿不起心内憤懑

黄任闻時扶病李六思

其后季芝昌注云："甲寅原稿，丁巳添改，己未重录。"看来他从咸丰四年甲寅起就准备好了遗折，咸丰七年丁巳又予添改，咸丰九年己未又重录一过。在季芝昌写作、添改、重录遗折的过程中，他难免一次次预演和想像着自己的死亡；也许，在这位多病缠身的老人看来，死亡并不可惧，反而会是一种比较轻松的解脱吧。不过，这份愿望，直到次年的十一月三十日才最终得以实现。

二 曾国藩的勿药梦

"有病不治，常得中医。"其语源于《汉书·艺文志》的"经方"序：

> 经方者，本草石之寒温，量疾病之浅深，假药味之滋，因气感之宜，辩五苦六辛，致水火之齐，以通闭解结，反之于平。及失其宜者，以热益热，以寒增寒，精气内伤，不见于外，是所独失也。故谚曰：有病不治，常得中医。

大意是说适宜的方剂虽能恢复机体的平衡和健康，但误用经方则会伤及人体内的精气；鉴于病象复杂，良医难求，庸医遍地，误用经方的概率很高，因此有了疾病不去治疗，依靠自身机能恢复，其实是符合医理的，至少相当于得到了中等水平的医治[①]。这无疑是从防

---

① 参罗宝珍《"有病不治，常得中医"考》，《中华中医药杂志》2016 年第 8 期。

愚医之弊的角度所发，不过在社会上也有相当普遍的接受基础，以至变成了一则民谚。

曾国藩（1811—1872）的祖父曾玉屏（号星冈），就留下过"不信医药，不信僧巫，不信地仙"的家训。咸丰十年十二月二十四日，曾国藩致乃弟曾国潢的信中云："吾祖星冈公在时，不信医药，不信僧巫，不信地仙，此三者，弟必能一一记忆。今我辈兄弟亦宜略法此意，以绍家风。"

其实数日前，曾国藩已在日记中^①记述此事，并痛悔自己不能继志，表示今后要与诸弟一起恢复家风：

> 默念吾祖父星冈在时，不信医药，不信僧巫，不信地仙，卓识定志，确乎不可摇夺，实为子孙者所当遵守。近年，家中兄弟子侄于此三者，皆不免相反。余之不信僧巫，不信地仙，颇能谨遵祖训、父训，而不能不信药，自八年秋起，常服鹿茸丸，是亦不能继志之一端也。以后当渐渐戒止，并函诫诸弟，戒信僧巫、地仙等事，以绍家风。（《曾国藩日记》咸丰十年十二月二十日）

果然，此后数月，他不再服食补药："前此二月，不服鹿茸丸，反得安睡。"（咸丰十一年二月十二日记）不过，曾国藩的勿药之梦并没有贯彻如一，对于服药不服药，他其实有过反复，当疾病的痛苦使其无法忍耐时，为了减轻痛苦，他什么法子都愿意尝试，医药当然

---

① 曾国藩日记，以岳麓书社《曾国藩全集》本所收最全，时间起止为道光十九年正月至道光二十五年二月，咸丰八年三月至同治十一年二月。

曾国藩雕塑

也属于重要的备选项之一。

咸丰十一年，他的癣疮之症大发，全身奇痒无比，爬搔至皮肤糜烂，生趣萧然，其日记载："疮痒异常，意趣萧索，盖体气衰颓，日少欢悰也。"（四月廿日）"遍身疮痒，寂然寡欢。"（四月廿三日）"余以遍体疮痒，两手作疼，不能作一事，终日愁闷而已。"（四月廿五日）"余遍身疮痒，坐卧不安。"（四月廿七日）"日内疮痒异常，几与道光二十六年癣盛时同一苦况，治官事深以为苦。"（五月初五）①"疮痒，爬搔不能少停。……是夜，通夕不成眠，疮痒，迥异寻常。"（五月初九）"余向来怕热，近年尤甚，今年遍身生疮癣热毒，本日酷热，几若无以自存活者。"（五月十七日）"遍身痛痒，几无完肤，意思萧瑟，若有不自得者，彻夜不能成寐。"（五月廿一日）"手不停爬，两手两臀皆烂而痛。"（五月卅日）"臀痛不能坐，手痒不能动，故诸事废阁。"（六月初二日）"癣痒异常，手不停爬，左腿已爬搔糜烂，皮热作疼……近日，疮微痊而癣又作，悉身无完肤，意绪凋疏。"（六月廿二日）实是苦不堪言，痛不欲生。

坚持到十月，曾国藩终于开始服药，并对其效验表示有所相信："连日疮痒，如有芒刺者。本日，开方服归芍地黄汤，而参以吉林参一钱。"（十月十八日）"睡后，颇能成寐，或服地黄之故耶。"（十月十九日）"睡颇成寐，四更未醒。身上虽痒，而不似前此之若有

---

① 道光二十五年三月至咸丰八年二月的曾国藩日记虽然缺失，但由其书信可知，道光二十六年的癣病是由邹墨林治愈："予之癣病，多年沉痼，赖邹墨林举黄芪附片方，竟得全愈。内人六月之病亦极沉重，幸墨林诊治，遂得化险为夷，变危为安。"（道光二十九年七月十五日曾国藩致乃弟家书）

芒刺者，殆服药有验耳。"（十月廿日）"睡不成寐，连日服药，身上奇痒略愈，而不能安寝如故。"（十月廿三日）"二更三点睡，略能成寐，或二日服生地之效。"（十月廿七日）"坐次确睡，即有成寐之意，或日内服生地之功耶。"（十月廿八日）"三点睡，颇能成寐。或是彀甫（周腾虎）开方，服生地之效。"（十一月初二日）"彀甫为余看脉，言癣疾多年，其故在血热，其风邪入气化之中，不宜服温补之品，宜服滋阴凉血之剂，参茸俱不宜服，惟珍珠当有效验云云。"（十一月初五日）"三点后睡，不甚成寐，而遍身之痒略愈，盖本日服彀甫之方药，皆生地、连翘、防风等苦凉之品，或足以医血热之症也。"（十一月初九日）

但病魔的反扑很快击溃了他对于医药本来就不牢固的信心：

> 睡不甚成寐。遍身奇痒，深以为苦，较之道光二十五六年初起癣疾之时，其苦似倍。彀甫为余制丸药，方有珍珠、麝香等物，本夜服十丸。（十一月十二日）
>
> 疮癣奇痒，不可耐，几于身无完肤，良以为苦。（十一月十七日）
>
> 三更睡，癣痒殊甚，爬落白皮极多。日内思家运太隆，虚名太大，物极必衰，理有固然，为之悚皇无已。（十二月初六日）
>
> 癣痒殊甚，彻夜不甚成寐，深以为苦。（十二月廿九日）

药方无效，使他一度不得不从数理天命、阴阳变化的角度去寻找自己得病之因。延至同治元年二月，他的癣疮忽然不药而愈：

近日疮癣少愈，不甚痛痒，不知何故，岂湿气已尽除耶？（二月十五日）

此前，他为了治疗自己的睡眠不良，只服过两帖归脾汤，但这个药方明显不是治疗癣疮的，因此曾国藩才会书以"不知何故"四字。从此之后，曾氏日记里确实罕见有癣疮的记载，可见此病确实算是好了。从本年开始，睡眠一向欠佳的曾国藩忽然常能酣眠：

四点睡，又得酣寝。累年不能成寐之病，今春忽得痊愈，连宵多得美睡，殊不可解，岂俗所谓时好运好，百病皆除耶？抑忧勤变为逸豫，清明变为昏浊，为衰耗之征耶？（二月廿五日）

余近日渴睡甚多，不似往年之竟夕不寐。每逢节气，辄服归脾汤三帖。本日值立夏节，渴睡尤甚。接澄弟信，谓脾胃甚好之故，岂果服药之功耶？抑昏倦颓放，暮景不能自振耶？（四月初八日）

昨数日疲倦殊甚，昨夜服归脾汤一帖，本日神气较王，然则药物不可尽信，亦不可尽不信也。（四月十八日）

他一会儿怀疑是服药的疗效，一会儿怀疑是身体机能迈入暮年的征兆，甚至说出"药物不可尽信，亦不可尽不信"这样辩证的话来。但是这种对于药物疗效半信半疑的态度很快又转变了，同治元年七月廿五日他在致曾国荃和曾国葆的信中仍坚持了有病勿药的信念：

早起与九弟常卷谈饭后见客七次围棋一局核改信稿
三件中饭后清理文件写信季弟第一笺珠一多礼堂
一刻剃头一次王刿冠珪真馨来久坐灯后九弟海卷
谈至三更止睡不甚成寐日内因希庵沅弟新到

十六日

唐蒙渠阎丹初信一阵希庵谈至二更方散又与沅弟
谈至二更四点睡不甚成寐近日疮癣少愈不甚痛
癣不知何故迨湿气已尽除耶

疮癣少愈，不甚痛痒（《曾国藩日记》同治元年二月十五日）

早饭后清理文件，旋见蒙泾与句眉生等泛谈，核败信稿件。中饭请完子序、蔡寿舟、甘子大、曹祺便饭。

药物不可尽信，亦不可尽不信（《曾国藩日记》同治元年四月十八日）

余阅历已久，觉有病时，断不可吃药；无病时，可偶服补剂调理，亦不可多。吴彤云大病二十日，竟以不药而愈。邓寅皆终身多病，未尝服药一次。季弟病时好服药，且好易方，沅弟服补剂，失之太多。故余切戒之，望弟牢记之。……吾辈仰法家训，惟早起、务农、疏医、远巫四者，尤为切要。

在同治二年至同治五年的上半年，他除了偶尔服食人参、鹿茸等补药外，其日记中似未见到因病服药的记录。即使是出现了呕吐等症，他也只是节制饮食以应之：

早饭后，忽作呕吐。余向有此病，每数月或半年辄发一次，大约浮热滞于上焦，饮食尚未消化，而后之饮食继至，故烦满而作呕。每次禁腥荤，节饮食，即可痊愈。（同治二年五月廿七日）

同治五年七月，一场疾病猛然扑至，曾国藩"筋骨酸疼，畏寒头疼"（廿二日），病倒在床，碍不过亲友的苦劝，他服了两剂桂枝汤，稍好即又"坚持不服药之说"，后来病势加重，只好再服桂枝汤，然痊愈后复自责未守勿药之戒：

筋骨酸疼，畏寒如故，又加腹痛作胀，大溲又不爽快，常在床上歪睡……酉正张敬堂来，劝服药一二帖，因举方桂枝汤，渠亲自拣药煎药。至二更三点，守候余服药后乃去。（廿三日）

服桂支汤第二帖，服后觉发热腹疼，甚有瞑眩之象，至申刻乃稍平靖。傍夕，疲困之至。昌期、敬堂诸人均来候视。病有增加之势。夜二更三点后睡，幸能成寐，至五更乃醒，则病减矣。乃知药之对病者亦须阅八九个时辰，或酣睡一觉，乃能奏效也。（廿四日）

早起，觉病大减，诊脉亦平和……傍夕，昌期、敬堂诸人来视，余坚持不服药之说。（廿五日）

早起，诊脉者皆言有湿滞，余但请人诊视，而坚不吃药。（廿六日）

早起，诊脉如故。……自觉太劳，登时发热，病加重。张敬堂来诊，脉象不好。昌期、叶亭及从人等均有忧色，劝余服药。因又定服桂支汤，直至三更四点始煎好服之。（廿七日）

早起，昌期、敬堂等来见，诊脉。……又张敬堂等来诊病，久坐时许。余以外病已去，仅有腹疼，寒在下焦，因议定服姜附，二更服之。（廿八日）

夜睡至三更四点，汗透衣襟，有似医家之所谓自汗者，盖三帖共服桂支一两八钱，为分太重之咎。乃知凡药皆可伤人，悔不坚守弗药之戒。（卅日）

这几天的日记生动反映出曾国藩对医药半信半疑、既有所依赖又深怀畏惧的矛盾心态。值得一提的是，从同治二年开始，其日记不断出现"眼红且蒙""眼红而疼""眼蒙殊甚"甚至"不能治事"的记录，但并没有引起曾国藩足够的重视。

同治六年的上半年，曾国藩除了"眼蒙""牙疼"外，还得过一次风寒感冒，友人虽然诊脉开方，他却坚持没有服用，硬抗了过去：

> 是日本有小疾，勉强治事甚多，支撑过去。(六月初九日)
>
> 二更后病困弥甚，刘开生等诊脉，甚虚，举方黄芪、熟地等味，煎好而不敢吃，恐有湿热风寒外症也。(六月十三日)
>
> 疲病殊甚，不能治事……旋与惠甫一谈，请其诊脉，虚弱中微有外感，头热肩疼亦似外感……三更后成寐，上身出汗，盖午刻吃葱姜煮面，至是始验病可解矣。(六月十四日)

但是下半年九月来势更为凶猛的伤风，以及由此引发的剧烈咳嗽，却使曾国藩无法支撑，不得不在半推半就中服用了药物：

> 鼻塞，腹上发热，又时咳嗽，盖伤风也。(十七日)
>
> 请惠甫看脉举方，傍夕服药，二更后稍觉轻减，出汗少许，发热头疼等症均愈，惟咳嗽未愈。(十九日)
>
> 夜再看脉，二更后服药。竟夕不能成寐，咳亦竟夕不止。四更时，上身出汗颇多，然未能解散表邪，但觉病势已增，深以为苦。(二十日)
>
> 请刘竹汀来看病，即上半年为纪鸿儿看出痘症者也。主方服附子、干姜之属。服药后，屡次睡卧。……病似少减。(二十一日)
>
> 午刻服药一次。……两日来服附片、干姜等药，微嫌其燥，咳嗽屡作不止。(二十二日)

因嫌刘竹汀用药偏燥，故又请吴竹如来诊，然曾国藩虽然认为吴所开之方甚好，但仍想坚持不服药自疗，没想到这次竟然无法抵挡病势，只好收起祖训，服药始愈：

> 午刻,请竹如来诊,开方甚好,余畏服药,遂不服之。(二十三日)
>
> 三点睡,竟夕不能成寐。咳嗽不止,三更二点,即穿衣起坐。嗣后屡坐屡睡,展转不安。咳嗽太多,舌枯异常,起吃开水者二次。昨日、今日坚不服药,意病势或可渐减,不谓今夜狼狈若此,殊深焦灼。(二十四日)
>
> 惠甫诊脉,言外感而肺家受有风邪,固咳嗽之所由来,阴虚而用心太过,心火上烁,肺金受克,亦病源也。二者必须兼治,固须服疏散之剂以祛寒邪,亦不可用燥上之品使阴分益亏。余深以其言为然。盖余自中秋前后久觉心火上炎,肝脾俱若受伤,此次风寒虽发于肺家,而自觉脾家亦已有病,故饮食俱不知味。……旋服惠甫药。竟日咳嗽,至酉刻稍减。(二十五日)
>
> 是夕竟不甚咳嗽,病将愈矣。(二十六日)

同治七年岁末，慈禧太后召见曾国藩时，还曾问及他所患之病及服药否，而曾国藩也老老实实地回答说曾经服药：

> 问:"你的病好了?"对:"好了些。前年在周家口很病,去年七、八月便好些。"问:"你吃药不?"对:"也曾吃药。"(《曾国藩日记》同治七年十二月十五日)

竟夕咳嗽不停，偶尔成寐，辄一套梦，顷刻而醒，中
间披衣起坐半时许，傺曾辗侧咳嗽甚以为苦

二十三日

早饭后清理文件，批围棋二局，咳嗽不甚，览之富
一次，午刻请竹如来诊，开方甚好，余畏服药，遂不饮之
中饭后惠甫来谈，旋阅本日文件，又清完之富二
次，因咳嗽勉强静坐数息，采有效验，惟停一二刻不

余畏服药（《曾国藩日记》同治六年九月二十三日）

步入暮年的曾国藩身体明显转差，同治七年、八年的日记里大量出现了"不能治事""不能成寐""疲惫极矣""倦甚"之类的字眼；"眼蒙殊甚"一词，出现次数尤其频繁；以同治八年十二月中旬为例，十一、十三、十四、十五、十六、十九日均有言"眼蒙殊甚"。

延至同治九年二月二十九日，曾国藩让儿子曾纪泽探视自己的眼睛，才发现右眼已经失明："眼蒙殊甚。令纪泽视吾目，右眼黑珠，其色已坏，因以手遮蔽左眼，则右眼已无光，茫无所见矣。纪泽言瞳人尚好，可望复明，恐未必然，因闭目不敢治事。"不仅如此，左目视力亦很微弱："右目既废，左目亦昏，岌岌乎可虑已。"（三月初七日）这让曾国藩十分苦闷和焦灼：

> 旋请黎竹舫诊脉，又请一眼科赵姓诊视，言左目亦将坏，焦灼之至，绕室旁皇。（三月初十日）
>
> 近以目病，寝食之外，便不治一事，且愧且叹。（三月十八日）
>
> 日来自右目病后，终日倦睡，不治一事，且忧且愧，而心境不安，目病愈甚。即使左目幸得保全，而不能用心，亦与死人无异，焦灼殊甚。（三月廿一日）

他似乎从此不再坚持勿药的观念，有病则主动延医，并商议药方，甚至乞灵于咒语与气功。

> 午刻，黎竹舫送《光明经咒》，云持诵万遍，眼可复明。邵棠

浦来一坐，力劝余服补阳之药。……旋诵熟《光明经咒》凡百有四字，盖道家之言也。诵数十遍。(三月廿六日)

黄静轩来久谈，为余治目处方。(四月初九日)

写信与作梅商药方。(四月初十日)

寅正起，头或大眩晕，床若旋转，脚若向天，首若坠水，如是者四次，不能起坐。请竹龄一诊，服滋阴之剂。(四月十六日)

申刻及夜间，两次请医诊视，服龙胆草等药，以泻肝火。(四月二十日)

请医诊脉，仍服昨方。(四月二十一日)

申刻服药后，静坐良久。(四月二十二日)

请周抚文诊脉……酉刻及亥正，服周抚文方。(四月廿四日)

不过也许是儒家士大夫意识使然，曾国藩仅在三月廿六日当天诵过《光明经咒》，之后即予放弃。对于静坐，由于是儒道皆有之传统，曾国藩倒是坚持了相当长一段时间。他还向黄静轩学习内视之术，并感叹自己无法达到要求：

黄静轩来久谈，劝我静坐凝神，以目光内视丹田，因举四语……闭目静坐，学内视之法。(五月初四日)

夜阅黄静轩所著《福寿金鉴》，因求摄生之方。(五月初八日)

午正，数息静坐，仿东坡《养生颂》之法。而心粗气浮，不特不能摄习，并摄身不少动摇而不能。……酉刻服药后，行小周天法，静坐半时许。(五月初九日)

旋静坐，数息三百六十。……酉刻服药后，行小周天法。(五月初十日)

黄静轩来久谈，与论静坐数息之法，亦自恨衰老，不能有济。……午正，默坐数息。(五月十三日)

至五月底，因为天津教案十分棘手之故，曾国藩暂停了气功修炼，改为饭后散步。但他对静坐之术一直抱有极大的兴趣，本年十二月二十日，他还写道："本日闻翰仙言，何镜海得静坐之法，……目已瞽而复明，余亦思一试也。"

同治十年的曾国藩老境更显颓衰，目疾未见轻减，二月十七日又得了疝气："右肾浮肿，大如鸡卵。"二月二十三日的日记中他自嘲："前以目疾，用心则愈蒙，近以疝气，用心则愈疼，遂全不敢全心，竟成一废人矣。"后来疝气虽然渐愈，但目力变得更差：

眼奇蒙，几不能辨一字，因不复执笔，而温《项羽本纪》一过，眼在半开半闭之间，略见字影，略似默诵而已。(三月二十五日)

这个时候，出现了一名修炼道家气功的守备马昌明，自称能为曾国藩治好目疾，于是从该年七月初九日至八月初二日，马昌明先后二十一次来为曾国藩诊治，可惜并无效验：

归署，有一守备马昌明，善于道家内功，云能为余治目疾，与余对坐，渠自运气，能移于吾身五脏云云。因与之对坐三刻许。(七

月初九日）

　　马昌明来，与余对坐三刻许。至是坐十一日，而目光毫无效验。（七月二十日）

　　马昌明来，对坐三刻许。自是坐二十一日之期已满，而目光毫无效验。（八月初二日）

　　至此，曾国藩大概明白了事不可为，之后他虽仍有静坐调息之举，不过抱着聊胜于无，姑且一试的态度："夜，再静坐数息。因日来眼蒙益甚，或谓调息养神尚可补救，因试为之。捧土而塞孟津，深恐其无当也。"（十一月初四日）对于疾病，他似乎也像常人一样有病则医，不再强抗：

　　请医诊脉二次。……是日服药二煎，时时防将眩晕者。（同治十一年正月廿七日）

　　早诊脉二次，开方良久。……是日，肝风之病已全退，仍服药一帖。（同治十一年正月廿九日）

　　遗憾的是，即使是及时服药，也无法挽留住这位可敬的老人的生命，心血耗尽、饱受疾病折磨的曾国藩，于同治十一年二月初四日戌时溘然长逝。勿药也罢，服药也好，乃至去修炼道家长生之术，都无法逃脱死亡这一必然的归宿。也正是在这个意义上，所有的人都获得了一种公平。

三 廖寿恒的伤亲痛

光绪二十四年八月廿四日，军机大臣廖寿恒（1839—1903）刚刚散值回到家中，发现妻子许氏正患血崩之症，他赶快命服参汤，又请来擅医的监察御史叶至川来诊疗，投以人参、阿胶等补益气血之药，渡过了这次病灾。但许氏的身体多病，《廖寿恒日记》①中不时会出现为妻子延医诊病的记载。十月初四，廖氏记云"未正后，陈莲舫比部来，为内子诊，开汤膏方"，汤膏方适用于女性补气养血调经，可见许氏血崩之症至此尚未痊愈。

十月十五日，许氏又添新病，胃脘剧痛，以至呼吸暂停，势甚殆危，廖寿恒为之延医的同时，还悄悄准备衣衾和棺木，与亲友商办后事，幸而疗治得当，许氏得以起死回生，廖氏日记对此过程详有记录：

> 十五日乙未，晴，稍和暖。寅正起，内子胃脘痛剧，气闭，势甚急，不敢入直，作函致夔老、子密通融一日。天明延叶至川来诊，脉数而乱，开竹茹、广藿、左金丸急投之，痛愈甚，或系药力相斗之故。午后，病渐定，气亦渐舒。下午又延至川，并招竹君来视，未服药。
>
> 十六日丙申，晴。寅正后起，见内子似寐非寐，神识不清，汗

①《廖寿恒日记》现藏上海图书馆，稿本两册，首册时间起止为光绪二十四年八月初六日至二十五年四月初七日；第二册封面题"庚子十月望后日记"，时间起止为光绪二十六年十月十六日至二十七年五月三十日。

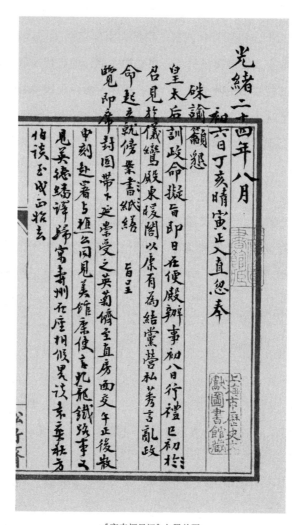

《廖寿恒日记》上册首页

如油腻，甚可虑。作书致王、钱两公，再通融一日。天明延叶至川来视，谓右尺已不现，势将不救，只有独参汤可进。抚床相对，不禁悲从中来。急进参汤二钱，又继以一钱，复又继以二钱，并三次调天生黄各三分。子原乔梓来，恭慎夫人亦至，商备衣衾。伯葵来，恳其向夔丈商寿木。下午，左笏卿来诊脉，乃谓系热证，而开方又系扶阴去湿之品，未敢遽服。朱小丹来诊，则谓仍系脱象，亦主独参汤。夜间叶至川又来诊，属加麦冬一钱，盖续煎者已加五味，合此则生脉散也。西斋来访，留夜饭。星署、聪甫亦同在座。子刻病象稍安。

十七日丁酉，晴，有风。是日请假五日。辰正，起视内子，知昨下半夜大便三次，气促及汗出、手冷等证已转。惟胃不思纳，不能寐。子原乔梓、钱幹臣、聪甫先后来。筱石、星署代往甘石桥看寿板，谓阴沉一具可用。留子原、南仲午膳。叶至川来视，谓险象幸已过，但须理脾平肝。开方服药，尚不枘凿。

左金丸方剂的主要成分是黄连和吴茱萸，主治肝火犯胃、呕吐胁痛等症，加以能够清热化痰、除烦止呕的竹茹和行气化湿的广藿香，可谓对症治疗，故许氏"病渐定，气亦渐舒"；但久病气血两亏，又成脱症，"似寐非寐，神识不清，汗如油腻"正是典型的脱症病象，故用独参汤补气固脱，又加天生黄以补火助阳、解毒通便，加麦冬以强阴生津、益气复脉，故能力挽沉疴，幸脱险象。

十八日戊戌，晴，尚和暖。内子夜寐不稳，而口渴无津液，舌苔

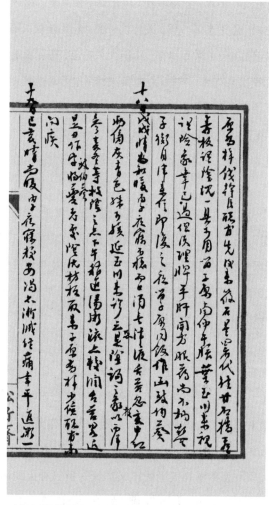

内子夜寐不稳，而口渴无津液，舌苔忽变中红，两旁灰青色，殊可骇（《廖寿恒日记》光绪二十四年十月十八日）

忽变中红，两旁灰青色，殊可骇。延至川来诊，云恐是阴竭之象，投以西洋参、麦冬等救阴之品。下午，稍进汤粥，液亦较润，舌苔略退。是日作字致伯葵，将夔老处阴沉枋板取来。子原乔梓、少侯、聪甫来问疾。

十九日己亥，晴，尚暖。内子夜寐较安，渴亦渐减，经痛幸平。进粥一盂。约至川午刻来诊，仍主救阴之法。但加入白茅根、薄荷炭、白芍耳。密老来，略谈。午刻，以先光禄忌日，上祭。申初，始早膳。聪甫、子原、汲侯先后来。下午，王稚夔偕李彰五太守来为内子诊，云系厥少两阴证，夹有外感，开牡蛎、鳖鱼救逆汤兼桂枝汤，未敢遽信。酉正，仍服叶至川药，折差到，接杭署十二日信。

廿日庚子，晴。内子胃纳较好，神色亦渐正。巳刻，至川来，仍进救阴理脾之品。

廿一日辛丑，晴。内子诸患均略减。至夜，但觉疲乏无力耳。叶至川来诊，谓脉渐和缓。

从日记中可以看出，许氏病情后来又有反复，呈现"夜寐不稳，而口渴无津液，舌苔忽变中红，两旁灰青色"的"阴竭"之象，叶至川以救阴之法疗之，终于使其"神色渐正""脉渐和缓"，基本痊愈。在前述为许氏治病的过程中，廖寿恒延请过的医生分别有：

陈莲舫：名秉钧，字莲舫，别署庸叟，又号乐馀老人，江苏青浦县（今上海市）人，清末名医，曾多次奉诏入京为皇帝和太后诊病，被封御医。陈氏系中医世家出身，为青浦陈氏第十九代传人，著有《陈莲舫先生医案秘钞》《十二经分寸歌》《御医请脉详志》《莲舫秘旨》《医案拾遗》《女科秘诀大全》《加批时病论》《加批校正金匮心典》等。

叶至川：名庆增，字至川（子川），浙江慈溪人。光绪二年（1876）进士，历官吏部主事、员外郎、监察御史等，兼精医学。

左笏卿：名绍佐，字季云，号笏卿，别号竹笏生，湖北应山左家河人。光绪六年进士，授翰林院庶吉士。历任刑部主事、员外郎、郎中，都察院给事中，军机章京，监察御史等。著有《蕴真堂集》《延龄秘录》《竹笏斋词钞》《竹笏日记》等，兼精医学。

朱小丹：事履未详。

李彰五：名盛卿，字彰五，湖北宣恩人，号肆灵素凡吏，曾任丽江知府，兼精医学，撰有《病家须知歌诀》《寒温条辨》《仲景伤寒辑注》《仲景脉法续注》；其妻号慕灵素女史，亦擅医，夫妻合撰有《脉度运行考》。

除朱小丹事迹暂未考知外，其他几人均为医术超卓之辈。文中夔老、夔丈均指王文韶（字夔石），钱、子密均指钱应溥，二人是廖军机处的同僚。伯葵指陆宝忠，娶廖寿恒之妹；恭慎夫人指许庚身（谥恭慎）之妻吴氏，子原乔梓指许祐身（号子原）及其子许引之（字汲侯），许庚身的父亲许乃谷和许祐身的父亲许乃恩，分别是许学范的第五子和第八子，而许乃恩的三女儿嫁给了廖寿恒，即文中的"内子"许氏，五女儿嫁给了另一位名宦陈夔龙。姻亲之间的关系真是盘根错节，复杂难辨。正是满门贵显，许氏患病时，廖寿恒才能动用各种关系，遍请名医，最终挽救了妻子的生命。

但是，这种幸运没有延续到廖寿恒之兄廖寿丰身上。

廖寿丰 (1835—1901)，字谷似，晚年自号止斋，上海嘉定人，同治十年 (1871) 进士，授翰林院庶吉士，充国史馆编修，历任贵州按察使、福建布政使、河南布政使、浙江巡抚等职，光绪二十四年十月因病解职。两年之后，廖寿恒也步乃兄后尘，于光绪二十六年九月引疾归。兄弟二人晚年白首相聚于故乡嘉定，这本是乐事和幸事。然而不久，廖寿丰开始出现吐血症状，并且顽固难愈，逐渐加重。廖寿恒光绪二十七年的日记中，对其兄病症的记载几乎日日皆有：

> （正月）十八日乙酉，晴。梳发。四兄痰中见红三日矣。劝请杭州施医来诊，命荫儿作书，遣张庆往迎。

> 廿二日己丑，晴。薙发。四兄昨晚今早痰中见红较多，两胁肋转侧即痛，颇觉苦，食亦不欲纳。荫儿求仙方当归一味，饮之。

> 廿三日庚寅，晴。四兄昨晚睡较安，而胁痛仍未见减。

> 廿五日壬辰，晴。临帖五纸。四兄胃口略好，而胁痛未除，痰中血色黑紫，似有瘀象。

> 廿六日癸巳，晴。梳发。临帖四纸。杭州施医瑞春来为四兄诊视，云有风邪袭络痰滞之故，所以痰中见血，胁痛，以先清络为主。

> 廿七日甲午，晴。四兄今日胃气渐佳，而吐血仍未甚减。施瑞春又易一方以进。

> 廿八日乙未，晴。四兄昨睡未安，胸膈痛竟不减，血中仍有黑

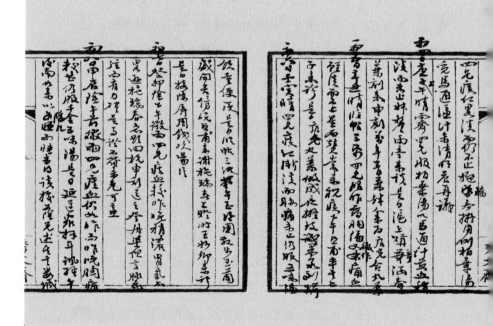

廖寿丰病状（《廖寿恒日记》光绪二十七年二月初四至初七日）

色，施医又定千金五味子方，加血分药两味，冀渐有效。

廿九日丙申，晴。……四兄痰血较少，服原方。

从廖寿丰咳痰见血、胸膈疼痛等状看，其似乎是得了肺结核，施瑞春用千金五味子方，亦算对症下药。但在抗菌药没有生产之前，这种病基本上是不可治愈的。

（二月）丁酉朔日……四兄今日痰红较淡，痛亦稍减。方易行瘀之剂。当冀有效。

初二日戊戌，阴雨，又甚凉。四兄服昨药，卧不安，痰血较多，施医仍改用千金五味子汤。

初三日己亥，阴雨。以清明节先期祭祖，午刻行礼。四兄痰红略淡，而仍不止。施瑞春拟用侧柏叶汤，觅马通滴汁未清，明晨再议。

初四日庚子，上午晴霁。四兄服柏叶汤，以马通汁煎，血稍淡而未止。

初五日辛丑，晴。临帖三纸。四兄服昨药，胸膈又微作痛，血虽淡而不止。

初六日壬寅，晴。四兄痰红渐淡，而胁痛未止，仍服五味汤，饮童便一次。

初七日癸卯，阴，下午微雨。四兄痰血较昨晚稍浓，胃气亦略逊。施瑞春急欲回杭，申刻，送之登舟。渠但言脉象弦而有力，确是与证不符，未免可虑。

作为钱塘医派的名医施瑞春手段尽出，先行化瘀之剂，复用侧柏叶汤，再用五味子汤，辅以马屎汁、童子尿等，但仍未见效，只好辞归杭州。廖寿恒焦虑万状，甚至求神拜佛；复请朱筱兰诊视，无效，只好再商请更有名的御医陈莲舫。

初八日甲辰，阴，午前微雨。四兄痰血仍如昨，而昨晚胸痛较甚，仍服千金五味汤。是日延道众拜斗讽经。

十一日丁未，晴。四兄昨夜睡不安，胸胁等处痛又甚，痰血较多，殊焦急。荫儿往伏虎庙扶乩请问，亦云血分不调。下午作函，拟延陈莲舫，而四兄坚不允，以停药静养一日，痛微减，血亦较少也。只得姑候过一夜再看。

十三日己酉，晴，有风。四兄昨夜睡又不安，痰血仍浓，辰正正拟出门登舟，适朱筱兰太守来，与谈良久，留之下榻，为四兄诊视。……申正二刻始回宅。知筱兰开痰清之剂，已服三分之一，黄闇伯酉正来诊视，方剂略有不同。夜饭，与筱兰长谈。

十四日庚戌，早雨午晴。先考生辰。午刻上祭。四兄夜卧不安，痰血仍多，又项痛甚。筱兰午前复诊易方，用枸杞等味，不敢遽服。访顾子伟，与谈乩坛求方及方药病证。下午，不得已，与四兄商定请陈莲舫，乃封信，即遣张庆前往。

十五日辛亥，阴，午晴。四兄昨晚卧较安，唯咯血甚浓腻，殊不可解。午刻，筱兰复诊，易方药，皆痰清，照服一剂。

十七日癸丑，微晴。四兄痰血次数较稀，而色红不减。筱兰复诊易方。

十八日甲寅，晴，又甚凉。四兄昨夜卧又不安，痰血亦较红。拟停药一日。适朱筱兰伤风，请其毋庸复诊。

廿二日戊午，晴。四兄昨上半夜又不安寐，咯红较多，遍查医案，亦难确指，相对殊深焦闷。

二月廿七日，陈莲舫来到，"诊脉良久，谓心肝脾肺皆病，独肾气未动耳，病势已到八分，开方，以和肝固脾、止血宽中为治"。服药数剂后复诊，陈莲舫"以为恐似肺痿之象，颇棘手"（三月初一日），遂借口欲归，廖寿恒坚请挽留，陈莲舫只好又留数日，待廖寿丰病症略轻减始辞行：

（三月）初二日戊辰，阴雨。四兄昨夜痰血又多而且浓，又欲停药，莲舫以其哲嗣催赴浙，欲明日即行，余坚留之，午后复诊，开龙骨、牡蛎等六味，四兄尚以为然。

初三日己巳，阴，下午微雨。四兄昨卧较妥而痰血仍浓腻，午前照原方服一剂，午后睡又不稳，拟停药半日，童便、参汤亦不服。莲翁诊脉两次，午前脉稍静，浮芤亦减，四点钟后面觉微红，脉象又弦大，精力更疲，莲舫颇无把握。

初四日庚午，阴，下午雨。午刻以云初公忌辰上供。莲舫午前诊一次，以昨卧又不安，胃纳又减，精神更差，密商另开吉林参、阿胶、生地一方，荫儿拈阄，亦命服，遂煎以进。申刻又诊脉一次，浮大之象略减于昨，痰红则已初以前甚少而淡，巳午间又有鲜浓者，下午又略淡。

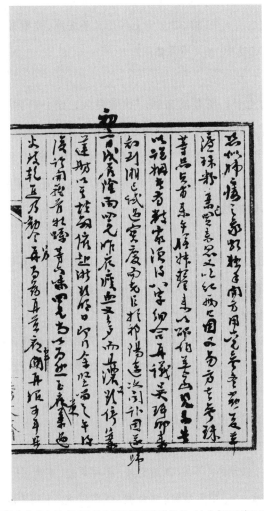

四兄昨夜痰血又多而且浓（《廖寿恒日记》光绪二十七年三月初二日）

初五日辛未，晴。……四兄昨卧又不安，痰血不多，而下午所吐皆黑色，殊不可解。莲舫午前诊，仍主育阴安神开胃，用珠粉一分，复加辽参二分秋石蒸，傍晚始服一半。

初六日壬申，丑刻雷始发声，昨雨乍晴，已入黄梅矣。四兄昨卧较安，痰红亦未见，药似略奏功矣。惟胃纳尚不欲。商之莲舫，再照原方服一剂。

初七日癸酉，阴，有风。四兄昨卧又觉未安，馀皆如昨。莲舫午前诊脉，谓但细软耳，火已降矣。开方仅加新会白四分。四兄谓拟明日再服，莲舫又开加减十馀味，并食物宜忌单。赠以五百佛元，坚不肯受。乃易以礼物四色，两袍套，四湖绉，四燕窝，四竹刻。未正又诊脉，复问以如是感冒若何，渠又备三方，可谓苦心经营。申初送其登舟而别。

然好景不长，至三月十一日，廖寿丰又复"痰中见红"，其似亦预知病将不免，不愿再服药，并招寿恒坐榻右，含泪云"有事商量，宜早计"，寿恒只好宽以"不必忧惧"，其实中心如狂也。

十三日己卯……四兄昨卧又不甚安，痰血仍未净，而痰色黄腻非常。又不愿服药，亦无法可劝。

十五日辛巳……四兄痰中曾有时带红，坚不肯服药，劝服参，仅饮少许，言莲舫后数方皆取巧，并不对证云云。

十六日壬午……四兄昨晚又痰红甚多而浓腻，竟有似腐肉者，婉与相商进药，初拟函商莲舫改方，继告以本有加生地一说，乃属酌开数品,加辽参试服。

痰似腐肉,其实吐出的是坏组织细胞,说明肺部溃烂已很严重,或已成空洞,随时可能诱发衰竭。廖寿恒不得不暗中为其兄准备后事,但心中仍怀万一之希望:

十七日癸未,晴。四兄痰红又更甚,而气弱,咳痰响声不绝,实为可虑。夜饭后,招余至床侧,谓痰逆甚剧,用何法可治,语以猴枣已浚,或再加珠粉,不愿,又云或用蜜炙化橘红二三分煎服,亦不愿。星署、星石、贞甫皆来问疾,戌刻赴南街访广侯,询杉柏楠木看法,渠谓阴沉、花杉皆不必说,上海惟楠板尚可购,虽贵,不至赝物。

十八日甲申,晴。午刻,东首顾姓回禄,幸即救熄。四兄自寅正以后,痰鸣益剧,不能起着衣矣服乩方第二剂。下午至夜更甚,颇有微汗,以人参、蛤蚧五味汤送进,终日陪视,焦灼万状。荫儿下午往求坛方,则云交夏令节,当剧,但延过夏至,则无深虑。改方用知母、黄柏、蛤蚧等味。兄云明日再服。大姊来视,裁寿衣。星署及瀛侄来。是日申刻,叔厘遣人送邵伯英复信及周秀坤造来。四兄下午痰声益促,至夜,谓喘延特甚,又进蛤蚧五味、人参等味,迄默无一言,颇有微汗,屡欲大解,婉劝以勿用力,如有大便,自然能下,颔之曰听其自然,候至子刻,除痰声照旧外,寂寂无声。儿妇辈屡劝余往息,实不放心,劝之不已,意谓夜间当不至有变,始暂往,再来视,和衣不能成寐,私冀立夏已过,或无妨。

瞑目张口而逝矣（《廖寿恒日记》光绪二十七年三月十九日）

奈何天不遂人愿，次日凌晨廖寿丰即溘然长逝：

> 十九日乙酉，阴，下午雨。寅初后，世荫来言，四兄手臂冷，余
> 言此时除参外，别无他法，可仍以参汤进，余当即来。不一刻遣婢
> 来急呼，急束带趋往，则瞑目张口而逝矣。灌以黑锡丹，不应。姨
> 太太亦昨息方起，尚得见一面，余竟不及送，亦再无一语见属。伤
> 哉，痛心曷极。

虽有显赫之位、名医之方、珍药之奉，然廖寿恒依然只能眼
睁睁看着自己的兄长忍受病痛折磨，一日日走向死亡。他，悲痛而
又无奈，人生还有比这更伤心的事吗？宜乎其"伤哉，痛心曷极"。
廖寿恒日记，对自己的疾病只是偶尔记录，叙述简略；对其妻、其
兄之疾病，却近乎逐日记录，书写详实，阅之竟能让人感同身受，
这大概正由于其是切肤之痛的真实反映吧。

四　鹿传霖的出恭记

与廖寿恒恰好相反，另一位军机大臣鹿传霖，却如流水账一般
记载着自己的痔疮与便秘。

鹿传霖（1836—1910），字滋轩，河北定兴人。父丕宗，官都匀
知府，死寇难，谥壮节，传霖曾率健卒助父城守，又奉父母遗骸归
葬，时年甫二十，由是知名。同治元年，成进士，选庶吉士，散馆
改广西知县，擢桂林知府。光绪年间，先后擢福建按察使、四川布

政使、河南巡抚、陕西巡抚。光绪二十一年，擢四川总督。二十四年，召授广东巡抚，旋移江苏，摄两江总督。二十六年，授两广总督。旋命入直军机，擢左都御史，迁礼部尚书，兼署工部。次年兼督办政务大臣。三十年，转吏部尚书。三十三年五月入军机，六月为协办大学士。宣统元年九月为大学士。谥文端。

鹿传霖是深受清廷器重的大臣，常被委以重任。光绪三十四年，归化城副都统文哲珲上书清廷，陈述垦务大臣、绥远城将军贻穀败坏边局情形，请旨派员查办。二月初一日，诏鹿传霖前往归化城查办，以绍英为副使。二月二十九日，鹿传霖等人到达归化城，次日即开始调阅垦务卷宗。不过，以风烛之年冒风霜之苦，使鹿传霖本来就患有的痔疮更加严重，便秘，从此成为这位古稀老人每天不得不痛苦面对的严重问题。从三月初三起，他开始在日记中记载自己出恭的次数和具体情况[1]，并成为当年日记的重要内容，这在古人日记中是极罕见的。先看其三月的出恭记录：

> 后气坠，未刻出恭，甚吃力，解极多，即卧，痔收迟。(三日)
>
> 晚出恭尚好。(六日)

---

[1] 《鹿传霖日记》原件现藏于河北博物院。共两册，甲册始记于光绪二十八年（1902）五月初十日，至十一月初七日止，中缺九月廿五至十月初七日一段；乙册始记于光绪三十四年（1908）二月初一日，至十二月三十日止。两册均用"清秘阁"八行红格本竖书。甲册首页有鹿传霖自题"第一册，光绪二十八年五月初十日起"。乙册开本比甲册稍大，首页有鹿传霖自题"钦派赴绥查办事件日记"。该日记曾由许潞梅、王金科整理，并于1992年至1994年期间分五期发表于《文物春秋》。2017年初，许潞梅对日记刊发稿做了订正，并将原刊发表稿删节的内容全部补充完整。

鹿传霖像

夜出恭又吃力，尚出好。（九日）

晚出恭不净。（十二日）

后坠，出恭不解。（十三日）

晚出恭解清，仍甚吃力。（十四日）

晚出恭，又大吃力而出不净。（十七日）

早起即后坠，午出恭，强挣解一团，卧至申初起。……略食粥点，又胀甚，再解，始出甚多。（十九日）

早起即后胀，午后出恭不解。奏稿绍又酌改数处，令供事清稿。晚又出恭大难，解不多，彻夜胀。（廿四日）

早起胀极，始解甚多，人颇惫。（廿五日）

昨夜出恭少许，未甚着力。（廿九日）

二十六天中有十一天出恭，平均不到三天一次，便秘似尚不严重，但已影响到鹿传霖的精力，因有出恭后痔下，须卧等痔收，或因出恭吃力，人颇惫乏。该月二十七日，鹿传霖等人完成清查使命，启程返京，四月初九至京，四月十日入值。

四月出恭记录如下：

出恭后卧半时许，痔收起饭。……出恭大吃力，仍不解。（一日）

腹胀甚，欲解，强行卅里，午至薛家圐圙，出恭仍大吃力始解，卧不能行，即宿此。（三日）

晚饭后出恭，解两点，卧至十一钟欲解，即起出恭，虽不甚吃

力，而解不畅，陆续下干稀粪甚多。腹仍不适，卧至五钟起，又欲解，复出粪汤少许。略卧，痔未甚下，即强支入直。（十一日）

早复解后，痔未甚下，即强入直，谢节赏。（十二日）

腹胀欲泻，解稀粪两蛋，卧至晚饭起，略食。将竹生方减去润药，加神曲，服头煎，即卧，气仍不舒。（十四日）

两次出恭，皆少许带粪汤。（十八日）

出恭甚吃力。（廿二日）

午夜出恭均不解，后半夜略睡。（廿七日）

早起又出，仍不解，稍卧复解，难极，以指挖数次，几于无力可用。强挣解出，粪如茶盅粗，惫甚。（廿八日）

本月只有九天记录出恭，且有"出恭均不解"、难以入睡的现象，甚至"以指挖数次"，始"强挣解出"，便秘较前有所加重。

五月入值如故，出恭记录如下：

试出恭未解。（一日）

痔发，未赴会议。……五钟入直，腹胀似欲解，马夫早到，即遣回。下直即饭，旋出恭，幸解不结，卧时许。（二日）

痔至晚未收净，强起写信……饭后腹胀，出恭仍吃力，未出完，少顷又出，痔大发。（七日）

照前入直，巳刻回。饭后即出恭，仍涩，卧两时起。于翰笃于次棠子，痔发未见。（十一日）

陈夔麟辞，冯相华、张栋南、恽毓鼎国史馆提调、谢绪璠均因痔发未见。早起腹胀欲解，强支入直，巳初回。即出恭，颇吃力，尚未净，卧时许吃饭，又解许多，痔大发，卧至五钟起。(十二日)

照前入直。饭后出恭，仍粘腻吃力，两次始净，而小便不通。再坐桶，又出软条粪，痔大发。卧至一时许，小便略通，一夜痔始收。(廿六日)

本月仅有六天记录出恭，特别是五月十二日至二十六日，居然有两周未见出恭记载，似乎不甚可能，中间当有脱记；本月痔疮亦较严重，日记中时有未赴会议或未见客之记载，说明便秘已经影响到其日常工作。

六月虽有十七天记录出恭，但六月初四日至六月十五日一直腹泄，并非常态。相反，腹泄停止后其便秘更加严重，连日"出恭未解"，不得已"以指探挖，陆续挖数团"，以致"痔大发"，脱出"终夜不收"，用手按摩数次始复回肛内：

饭后出恭未解。(廿日)

出恭仍不解。(廿一日)

五钟二刻入直。早饭后出恭，胀而不出。(廿三日)

早起胀，即出恭，吃大力不解。嗣又连出二三次，粪将抵肛门，用大力不下，以指探挖，陆续挖数团，痔大发。又卧歇，小便极胀，又出始下，仍费大力，痔肿甚。又少迟，觉又欲解，乃出烂粪甚多，似解净。吕大令复诊，言气虚，拟方服之，而痔终夜不收，揉

数次始可强坐。（廿四日）

七月仅有七天记录出恭：

> 饭后出恭，一次不净，又出二次。（三日）
> 申刻出恭，痔至六钟馀始收。（七日）
> 五钟三刻入直，后坠欲解。祁颂威、严开第均见。竹生同饭。
> 竹生行，出恭，吃力甚多，又出一次，卧至五钟。（十三日）
> 申出恭似泻，痔收速。（十七日）
> 未刻出恭，费力解粪蛋十数枚。杨督辞，李前泮均未见。晚饭
> 起吃后，气坠痔发，卧。（廿三日）
> 出恭，卧至申刻痔收。（廿五日）
> 早起出恭大吃力，一次不净，胀甚，略卧熨痔，二次、三次、四
> 次皆如前，至四次费无穷力始净自卯初至巳正，三时之久始净。未入直，
> 卧至三钟，施焕来，强起，令诊拟方。（廿九日）

出恭常要数次始尽，且多伴有痔发，须卧床休息，七月二十九日连
续四次，历时三时之久始出净，明显是肠胃功能紊乱或蠕动排泄之
力不足，较之三月份便秘病症愈趋严重。

八月有十一天记录出恭，基本情况都是大便干结难出，痔常脱
出，须揉始收。如八月初四日"两次出三粪蛋，痔大发"；八月初
五日"出恭两次始净，仍大费力，痔大发"；八月十五日"申刻出
恭未净，卧时许，不再出，痔强揉上"；八月二十九日"解干蛋数

枚，二次又出三蛋，腹甚不适"；八月初九日则是"未出而痔发"。
其间鹿传霖也请了施燮甫、陈莲舫等名医诊治，时常服药治疗，但
老年人器官功能衰退，肠胃蠕动缓慢，究非药力可回，因此疗效不
著。兹列九月至十二月出恭及便秘日期如下：

月份	出恭正常日	便秘或痔发日	出恭但未云状况
九月	十二	一（未解出）、六、十、十九、廿二（未解出）、廿八（未解出）、廿九	廿四、廿六
十月		五、七、九（腹泄）、十五（未解出）、十八、廿八	廿四、三十
十一月		十一（未解出）、十二、廿五、廿九	四、七、十六
十二月		一、四、七、十、十七、十八、廿二、廿六、三十（未解出）	

　　九至十二月，四个月中，只有九月十二日言"午出恭尚好"，
另有七日未写明情况，其他二十六日均有不同程度的便秘症状，九
月初一日、二十二日、二十八日，十月十五日，十一月十一日，
十二月三十日皆是出恭未解，便秘尤甚。而"吃力""大吃力""乏
极""乏甚""惫甚""气坠痔发""卧"等字眼频见笔端，亦可想见
其辛苦之状。

　　光绪三十四年，鹿传霖已经七十三岁，老年人细胞活力下降，
肠道神经退化，分泌润滑肠道的体液相应减少，且盆底肌无力，肛
垫容易充血、下移，排便后不能自动缩回到肛管内，形成痔疮和脱
肛。因此老年人的便秘和痔疮之苦痛要远甚于年轻人，这本是自然

的生理现象，不因人的地位贵贱而有不同。不过，能在日记中将便秘和痔疮逐次且详细记录笔端的，鹿传霖恐怕要算第一个吧。

五 馀论

必须指出的是，季、曾、廖、鹿四大臣日记中的内容是丰富的，当然少不了军国政务处理和官员人际往来等重要事件与人物的记录。四大臣传世日记，季芝昌、曾国藩记录时间都在十年以上，且不必说。就是传世日记只有三年多的廖寿恒日记和不足两年的鹿传霖日记，也都有非常重要的政治史研究价值。如廖氏光绪二十四年八月数则日记：

> 初六日丁亥，晴。寅正，入直，忽奉朱谕吁恳皇太后训政，命拟旨，即日在便殿办事，初八日行礼。巳初召见仪鸾殿东暖阁，以康有为结党营私，莠言乱政，命起立，就傍案缮旨呈览，即席封固带下，延崇受之、英菊侪至直房面交。午正后散。申刻赴署，与樵公同见美馆康使，言九龙铁路事。又见英德翻译。归寓，寿州在座相候，略谈。袁爽秋方伯谈至戌正始去。
>
> 初七日戊子，微阴。巳正见面，又命缮电旨，发北洋及山海、东海、江海关，缉拿康有为，是日三暗五明，未正始散。下午，松鹤龄来长谈，交梅少岩、涂椿年、李筱屏、章乃正名条。发杭电，训政折式。
>
> 初九日庚寅，晴。封奏三件，未下。辰正三刻召见，以封章示，

眼花不能细视,乃劾张南海、徐致靖、杨深秀及参预新政四人。乃目不之见,耳亦不之闻。寿山嘱余叩头,茫如也。候命起立,缮密旨,乃逮所劾七人。及退出,始知疏中并弹及余亦附和康某。慈圣勉以好好当差,岂不奇哉,岂不殆哉。到直房,延金吾崇、英至,以前件交去,未正后散,急访庆邸商添堂官事。

初十日辛卯,晴。阅电报,知康为英人认保护,知事不谐矣。慈圣出太医所开上之脉案,命阅,并拟饬中外保荐医生,盖病根已四阅月矣。酉正赴署,偕王、崇两公赴林权助之约。直至亥正后始散。

十三日甲午,晴。荣相入枢府,裕简北洋①。贻蔼人②封事,召见时发下,乃因此。慈圣忽命将康、刘、林、杨、谭、杨六人处斩,余初未之闻,及告领班缮旨,大骇,以语夔老③,错愕不胜。商之礼、刚、裕④,皆谓无术挽回。而杨、林、刘三人冤矣,呆瞪气塞者半晌,刑之滥,罚之不公,至此而极,恐乱正未已。午正后散,申初赴署,偕夔老送伊藤行,谈良久。

其间涉及朝廷处理康梁及戊戌六君子之细节,而廖本人并不认为自己属于康党,诸多重要人物纷纷亮相登场,于研究慈禧训政后的中

---

① 《清实录》该日有载:"荣禄着在军机大臣上行走。裕禄着补授直隶总督兼充办理通商事务。"
② 此指国子监司业贻谷,字蔼人。
③ 夔老:指王文韶,字夔石。
④ 礼、刚、裕:指礼亲王世铎、刚毅、裕禄。

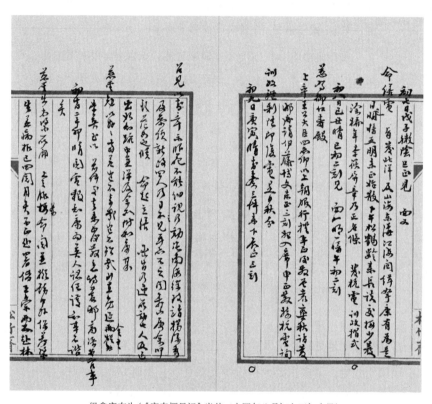

缉拿康有为（《廖寿恒日记》光绪二十四年八月初七至初十日）

枢决策与朝局，有重要的参考价值。再如鹿传霖光绪三十四年日记，该年系光绪、慈禧先后驾崩之年，鹿传霖作为遗诏顾命大臣，亲历其事并处置善后，这些在他日记里都有所反映，也是很珍贵的史料。

也许在人们的习惯思维中，像季、曾、廖、鹿这样身居高位的朝廷股肱之臣，其日记本来就应该记载这些军国大事，但这无疑是一种错觉。人们忘记了日常生活的记录，才是近代日记的常态和本来面貌。同治八年四月初七日，大学士、直隶总督曾国藩视毕永定河水利，回程途中宿于安肃县，却被臭虫所扰，不得安眠，当天日记这样记载：

> 二更三点睡，为臭虫所啮，不能成寐，因改白香山诗作二句云："独有臭虫忘势利，贵人头上不曾饶。"

唐代诗人杜牧曾有"公道世间唯白发，贵人头上不曾饶"（《送隐者一绝》）之叹，曾国藩偶尔误记为白居易之诗，但原诗及曾氏的改作，都反映出一个基本事实，那就是，谁也无法抗拒生老病死的自然规律；生老病死，正是一个自然人生命历程中的必然和最切身的遭遇。想要一辈子不生病，或者面对疾病一直坚持勿药而喜，只能是一个美好的梦。再高贵的灵魂、再伟大的事业和再惊人的才华，也要依赖这具皮囊，反过来，重视这具皮囊，也有利于道德事功文章的实现；况且护惜和珍摄这具皮囊，也是生命本能的反映。日记本来就是私人化的记录，那么曾国藩记录自己的癣疥，鹿传霖记录自己的出恭等，看似不雅，但却真实，是再正常不过的事情，也是大人物的另一面日常镜像。

当大人物走下神坛，向我们展露人所共有的脆弱无奈的一面时，他不是距离我们更近也更能引发我们的共鸣吗？我们需要警惕的是一味猎奇和解构的倾向，认为历史上所谓的圣贤、英雄皆不过尔尔，亦如常人一样要吃喝拉撒，有着生老病死的烦恼与痛苦，于是心安理得地醉生梦死。我们需要反省的是为什么很多大人物与普通人起点相同，最后达到的高度却不相同。大人物身上的平凡固然可以让我们产生共鸣，大人物身上的不平凡难道不可以让我们为之感动吗？见贤思齐，奋发精进，才能真正发现自我、实现自我和超越自我。

第三章
何处是归程:《绍英日记》中的乱世凄惶

　　德国哲学家莱布尼茨在《单子论》中说:"每一单纯实体具有表达事物的联系,因而成为宇宙的一面活生生的永久的镜子。""物质的每一部分都能够显示整个宇宙。"[①] 他想表达的是:任何一个微观的东西,都具有一种可以反映乃至表现整个宇宙的能力。日记是具有私人史和微观史性质的史料,但也是具有百科全书性质的史料,尤其是那些长时段记录或身份特殊的人物日记,更是不仅具有个人生命史的意义,而且兼具政治史、经济史、社会史等多方面的价值。《绍英日记》即是这样一个较为典型的个案。

　　绍英 (1861—1925),字越千,满洲镶黄旗人,马佳氏。其祖升寅,嗣父宝珣,兄绍祺、绍諴、绍彝俱为显宦。绍英本人仕历亦显赫,光绪末曾以京师大学堂提调身份东渡日本考查学务;又曾任商部右丞,充高等实业学堂监督;擢度支部左侍郎,派充崇文门监督。宣统年间擢署度支部大臣,辛亥革命后,充任溥仪宫中总管内务府大臣,兼任八旗护军营都护使之职,后特授太保。王国维有诗

---

① 陈乐民《莱布尼茨读本》,江苏教育出版社 2006 年版,第 43 页、第 45 页。

绍英像　　　　　　　　　　　绍英名片

赞云：“万石温温父子同，牧丘最小作三公。”[1] 至以汉初大臣石奋幼子石庆（武帝时期丞相，封牧丘侯）比类绍英。

绍英有记日记的习惯，虽经动乱，其日记经其孙马延霭先生的精心守护，仍保留下来三十三册之多[2]。记事自光绪二十六年七月二十日（1900年8月14日）起，至民国十四年三月十八日（1925年4月10日）止。为那个时代留下了一个缩影。

一　乱世君臣的政治末路

阅读《绍英日记》，最大的感受是其中时时流露的乱世凄惶感和穷途末路感。庚子事变之后的清王朝风雨飘摇、危若累卵，虽又勉强挣扎了十年左右，仍于宣统三年辛亥年底宣告寿终正寝。清皇室虽然与民国签订了《清室优待条件》，可以保留皇帝尊号并岁获四百万两日常费用（俟改铸新币后，改为四百万元）等，但是由于民国财力困窘，这些条件基本上没有被严格兑现过。更重要的是，江山

---

[1] 王国维《题绍越千太保先德梦迹图》其二，陈永正笺注《王国维诗词笺注》，上海古籍出版社2011年版，第346页。

[2] 参见 http://www.71.cn/2012/1216/621822.shtml《马延玉：苦心整理家族史献给国家》："《绍英日记》共40本，但是其中的7本已经遗失。……'文革'期间，为了保住这些珍贵的材料，马延玉冒着生命危险把《绍英日记》等一部分最珍贵的资料藏到了水缸里，但是一场大雨将资料全部淋湿。不得已，马延玉又把书藏在工厂的工具箱里。"按马延玉即马延霭（户籍用名），马先生研读家族史料，有不少文章发表，为读者辨识方便，故将"霭"改为"玉"。《绍英日记》后由马先生交付国家图书馆出版社，于2009年影印出版，刘小萌先生为作前言。此前言后来改名《绍英与〈绍英日记〉》，收入《湘淮人物与晚清社会》一书（社会科学文献出版社2011年版）。

易主后的逊清皇室颇有朝不保夕之感，为了保住"优待条件"，不得不小心周旋于各种势力之间，惶惶不可终日。即便如此，还是在民国十三年 (1924) 被赶出了紫禁城，从此踏上了不归路。现存的《绍英日记》，始于光绪二十六年庚子 (1900)，终于民国十四年 (1925)，正好以一个亲历者的身份，记录下逊清皇室这一段多舛命运和心路历程。

（一）焦头烂额的"财神爷"

庚子事变，八国联军入侵京师，候补员外郎绍英携全家避于北京城中，却遭到了日军的洗劫。这年七月二十三日的日记载："合家在西北小院暂避，日本兵八名来，搜索银表等物而去。"[①] 看来，在这次可耻的侵略中将自己装扮成"文明之师"的日军也并不真的那么"文明"。

庚子事变后，绍英在兵部捷报处公所当差验放饭银，又随吴汝纶东渡日本考察学校教育，归国后接办崇文门税关及京师大学堂支应局提调工作，光绪二十九年 (1903) 浒升至商部右丞，跨入上层官僚的行列。光绪三十一年 (1905)，清皇室为了挽救危局，派出镇国公载泽、户部侍郎戴鸿慈、兵部侍郎徐世昌、湖南巡抚端方、商部右丞绍英共同出洋考察各国政治，为立宪新政做准备，但甫登火车，即遭革命党人吴樾炸弹袭击，绍英该年八月二十六日的日记云：

---

① 《绍英日记》影印本，国家图书馆出版社 2009 年版，第 1 册，第 7 页。以下所引《绍英日记》均据此本。

> 早赴前门东车站，会同泽公、徐大人登火车，甫登火车，忽闻炸炮一声，当时跌倒，随有家人扶出，身受伤七八处，惟左股较重，即至法国医院调治。同去者为服部先生，医士欧宜穆沙荷德调治甚效，暂在医院调理。[1]

清室刚欲启动立宪的车轮，即遭此挫折，洵非吉兆。后来绍英因伤、徐世昌因公务皆不能成行，清室又改派山东布政使尚其亨和顺天府丞李盛铎，会同载泽、戴鸿慈、端方，于12月中旬分两路出洋考察。经过近半年的海外考察，五大臣归国后提交了"考察宪政报告"，清室也随之宣布预备立宪。可惜山雨欲来，历史没有给清室留下太多的改革时间。光绪三十四年 (1908)，光绪和慈禧相继驾崩，三岁的宣统继位，清室在国内立宪派运动的压力下，不得不于宣统三年 (1911) 宣布实行所谓的"责任内阁制"，但13名阁员中，满员9人、汉员仅4人，满员中皇族又占6人，时称"皇族内阁"，舆论大哗，很快武昌起义爆发，开启了推翻清朝，走向民国共和的新篇章。

在这大厦逐渐崩塌的末路之行中，绍英虽然步步高升 (光绪三十二年升商部左丞，转任度支部左侍郎；光绪三十三年兼崇文门税关副监督；宣统三年九月署度支部大臣)，心情却难免沉重和忧急。不妨看几则他宣统年间的日记：

---

① 《绍英日记》影印本，第1册，第605—607页。

值日,本部具奏财用窘绌、举办新政宜力求撙节、以维大局一折。(宣统元年六月二十日)

晚,毓月华请,略谈时事。当此时事艰难之际,我辈受恩深重,自应尽心职守,敬慎将事,若自揣才力不及,惟应急流勇退,庶免阻碍贤路,以求自全,是或一道也。(宣统二年二月十四日)

致徐中堂一函,恳其转达袁总理大臣因病请假事。计自光绪卅一年十一月十二日奉旨署理侍郎,嗣经补授侍郎,暂署度支大臣至今,时历六年,时局变迁不图至此。署度支大臣将及半月,竭蹶从事,艰窘异常,倘借款无成,实无善策,闻内帑尚有存储,第讨领不易,不知将来能办到否,臣力竭矣。如此次假期届满,只得再请开署缺,以免贻误大局也。(宣统三年十月十二日)[1]

这是一位焦头烂额、时想避路让贤的"财神爷"。他也曾谋划借外债、发内债、劝捐输,使用浑身解数想要保证财源:"请袁总理大臣看借债合同……又交爱国公债事"(宣统三年十月十一日),"劝谕盐商捐款"(宣统三年十月十四日);但"英、美、德、法、俄、日本会议,中国借款概行拒绝"(宣统三年十月十一日)[2],内债认购及其他捐输则多落入袁世凯手中,看来这又是一位被政治家和野心家玩弄股

---

① 《绍英日记》影印本,第2册,第88页;第124页;第248—250页。
② 《绍英日记》影印本,第2册,第246页;第252页;第255页。

掌之间的"财神爷"①。当袁世凯耍弄手段，逼迫隆裕太后时，绍英在日记中没有对袁的说法表示出半点怀疑：

> 内阁具奏请上召集近支王公会议大计。是日上先召见王公，次召见内阁国务大臣，皇太后垂泪谕袁总理大臣云："汝看着应如何办即如何办，无论大局如何，我断不怨汝，即皇上长大，有我在，亦不能怨汝。"袁对云："臣等国务大臣担任行政事宜，至皇室安危大计，应请上垂询皇族近支王公。论政体本应君主立宪，今既不能办到，革党不肯承认，即应决战。但战须有饷，现在库中只有廿馀万两，不敷应用，外国又不肯借款，是以决战亦无把握。今唐绍怡请召集国会公决，如议定君主立宪政体，固属甚善；倘议定共和政体，必应优待皇室。如开战，战败后恐不能保全皇室。此事关系皇室安危，仍请召见近支王公再为商议，候旨遵行。"复召见近支王公，俟王公见过退下，遂定召集国会之议，拟旨阅定后，总理大臣、国务大臣等署名。窃思国事危迫已极，为人臣者无法补救，忧痛何如。惟愿天心垂佑，期有转机，或定君主政体，或可以一战而胜，诚为天下幸福。否则共和政体恐不能办成，已召糜烂瓜分之祸，大可惧也。伏惟上天有好生之德，当不致战祸不息，仍享和平之福，不禁馨香祝之。（宣统三年十一月初九日）

---

① 参见王春林《爱国与保身：辛亥革命期间的亲贵捐输》，该文认为："袁世凯的'勒捐亲贵'挤出了皇室亲贵的大量积蓄，使得他们不得不转而依赖袁氏，从而堕入袁氏的逼宫阴谋中。……勒捐之后，名利俱损，危局之下，复加之以优待条件，则一般亲贵唯有接受一途。"《清史研究》2012 年第 1 期，第 64—65 页。

至内阁，会同外务大臣交覆总理大臣函，为查明亲贵大臣在各银行并无存款事。总理大臣云："欲战则兵少饷绌，欲和则君主立宪宗旨难保，惟有辞职，望上另简贤员办理等语。"时事危矣，既无力挽回，亦只有因病辞职，以免贻误大局。计自暂署度支大臣两月，筹款维艰，智穷力竭，现在虽库款尚敷一月之用，而军用浩繁，终有饷项难继之一日，愧悚奚如。午后进署，因感受风寒，令丞参厅办折，自廿七日起请假五日，幸尚无经手未完事件也，如假满不愈，再请开缺可也。（宣统三年十一月二十六日）[1]

绍英绝想不到，袁只是借机以逞私欲，"惟有辞职"之语全系演戏，倒是绍英本人，确实已经"智穷力竭"、真欲辞职矣。

（二）逊清皇室的尴尬处境

溥仪逊位后的民国元年，一时出现了南北统一、五族共和的新局面，该年阳历8月至9月间，孙中山北入京师，还出席了逊清皇室的欢迎晚宴，双方相聚甚欢，都表达了对对方的善意和尊重。《绍英日记》记录下了这珍贵的一幕：

晚，醇邸醇邸因小恙未到、伦贝子、世太保公宴孙中山、黄克强、陈君其美及国务院各员、参议院吴宗濂住后王公厂、汤化龙，陪客中有顺王、江统领朝宗、禁卫军统制王廷桢、张仲和、长君朴

---

① 《绍英日记》影印本，第2册，第264—268页；第269—271页。

等,景三哥与余亦在陪客之列。入座上香宾酒时,伦贝子代为演说,以表皇族开会欢迎之意,略谓:从来有非常之人始能建非常之功,其孙中山先生之谓乎,今改数千年专制政体而为共和,固由孙中山先生及诸位先生之功,亦由我皇太后、皇上至公无私,以天下之政权公诸天下。惟自改变共和政体以来,而天下事变乃愈亟。语云"世界能造英雄,英雄亦能造世界",此后政治日进文明,不第我皇族得享优待之荣,而天下人民常享升平之福,均惟诸位先生是望云云。说毕又云:余今日得见诸位先生,至为光荣,举酒愿祝诸位身体康健。同座均鼓掌。孙中山令黄克强答词,略谓:现在世界竞争,中国非共和政体不能自立,是以孙中山先生热心改革。今者五族共和,实由皇太后、皇上圣明,德同尧舜,我辈均甚感激。惟此时外交甚为警戒,切望五族一心,勉力进行,以济时艰云云。八钟入座,十钟散。(民国元年八月初一日)[1]

溥伦 (伦贝子) 赞扬共和政体的建立,是由于孙中山等人的努力,但也认为逊清皇室"至公无私,以天下之政权公诸天下"是其中重要原因;黄兴 (黄克强) 答词对此表示同意,"今者五族共和,实由皇太后、皇上圣明,德同尧舜,我辈均甚感激",但更强调"中国非共和政体不能自立",现在必须五族同心,一致对外,才能共济时艰,显然眼光更为长远。孙、黄等人昔为清室欲诛之乱党,今却成为逊清皇室座上贵宾,这既反映出"五族共和"已经成为各派势力愿意

---

① 《绍英日记》影印本,第2册,第345—348页。

认同的共同基础，又反映出逊清皇室乱世中主动示好的保身之道①。

因为进入民国后的政治云谲波诡，入主北京城的各路豪雄走马灯似的变换。在一些访问北京的外国人眼中，1912年到1924年底的共和政局是这样的："国会有失体面的被解散，又徒有其名的被重新召集；政府部长和军队将领们周期般躲进这个或那个外国使馆寻求庇护；无视总统的命令，无情地蔑视人民的利益，在首都的大墙下，军阀们演出了一出又一出武装冲突的闹剧；就连总统本身也是由某一派系集团拥戴上台，又被另一派系集团拉下台。他们在所有这些相类似的情形中，还观察到：骚乱，分裂，土匪，饥饿和内战，阴谋和国会的战略，诡计多端的政治家，以及军事冒险家的残忍和头脑发热的学生的滑稽戏。"②已让出统治权的逊清皇室对哪一派也得罪不起，其命运身不由己，不得不施尽手段，小心逢迎各方势力。请看《绍英日记》以下记载：

> 中堂云廿四日至大总统处提议联姻之事，大总统甚赞成，惟云须俟国体定后再为办理。(民国四年十月二十五日)
>
> 早，进内，醇亲王来，随同至永和宫，三位主位召见，为大婚之事，令王爷及绍英见徐总统再为求亲，并令告明世中堂。(民国十

---

① 对此段材料所体现意义的深入分析，可参桑兵《民元孙中山北上与逊清皇室的交往——兼论清皇族的归属选择》，《史学月刊》2017年第1期；李在全《民元孙中山北京之行与逊清皇室的应对》，"世界视野下的孙中山与中华民族复兴——纪念孙中山先生诞辰150周年国际学术研讨会"(2016年11月) 会议论文。

② 庄士敦著、陈时伟等译《紫禁城的黄昏》，求实出版社1989年版，第122页。

年五月十四日）①

这是分别欲与时任民国大总统的袁世凯和徐世昌联姻，以谋巩固皇室待遇的"和亲"手段。

> 晚，张雨亭请，会同杨子襄说送给匾额事，张雨亭云：已有人说过，予已推辞，日后再说罢。嗣见张斌舫在座，与伊接洽此事，伊云：伊亦曾说过，张雨亭不肯受，据云不在乎此等语。（民国七年十一月初七日）

> 进内，上召见绍英、耆龄，问张作霖进内事。拟加赏腰刀一把，系乾隆四年制，名"月刃"，令换天青绦带，并谕云如张进内即赏，否则即不必矣。（民国九年六月二十七日）

> 余与耆大人请见，上召见，言语王爷云十月廿一日系曹锟正寿，可赏给物品四色，寿佛一尊，如意一柄，乾隆五彩瓷瓶一对，库缎八卷，上允准。（民国十年十月十三日）

> 荣大人传知上要二万元，为给赈款，先向盐业银行商借，该行不肯再借，只得向汇丰银行浮借二万元，该行允可，即将支条交来。……予将支条一万元交荣大人转交王将军，系属赈款；其馀一万元交恩老爷转交郑大人，询明交给冯检阅使作为赈款。据冯军参谋长云，该军作工系民国发给款项，无须赈款也。（民国十三年七月十五日）

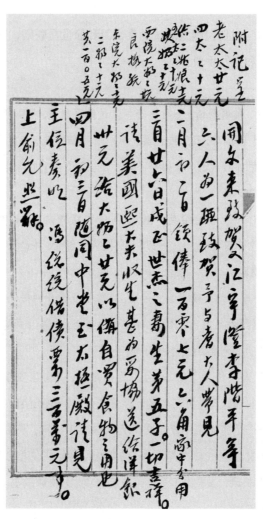

冯总统借款(《绍英日记》民国七年四月初三日)

闻吴巡阅使有今晚到京之说,当由电话请醇王爷示应否照送燕果席接风,奉谕照办,当派宝镛往送果席。(民国十三年八月十七日)①

这是清室欲取悦来京各实力派军阀,以图自保之举。日记中的张雨亭即张作霖;冯检阅使即冯玉祥,王将军即王怀庆;吴巡阅使即吴佩孚。可叹的是,张作霖对赏赐并不在乎,而冯玉祥干脆予以拒绝。昔日令人感激涕零的浩荡皇恩,今天在很多人看来只是一种无足轻重的点缀,令人感慨系之。

更令人悲哀的是,即使在一些皇族内部事务上,清室也不能完全自主。如民国二年隆裕太后去世后,总统府军事处总长荫昌、陆军总长段祺瑞送来袁世凯致载沣公函一件,希望推尊瑾妃为四妃(瑜、珣、瑨系同治之妃,瑾为光绪之妃)之首,照管宫中一切事务;清室只好"遵照办理,并致谢忱"(《绍英日记》民国二年二月初一日)②。至于那些恃强向清室借款或渔利之事,清室也只能一概应允照办:

随同中堂至太极殿请见主位,奏明冯总统借债票三百万元事,上俞允照办。(民国七年四月初三日)

晚,颐和园司员来谈公事:一从前提署所提分之款,十一师宋

---

① 《绍英日记》影印本,第4册,第20—21页;第4册,第279页;第5册,第39—40页;第5册,第412页;第5册,第429页。

② 《绍英日记》影印本,第2册,第412页。

师长拟继续提分，只得照办……（民国十四年正月初七日）^①

冯国璋为竞选总统向清室所借的这笔巨款不知最终归还没有；但冯玉祥部下十一师（后改为第四师）师长宋哲元却实实在在地将原给提督衙门的颐和园收入的提成索取过来，清室都只能乖乖听命。

昔为人上人，今为笼中雀，《绍英日记》真切呈现出逊清皇室的尴尬、委曲和凄凉的处境。

（三）难以维持的"优待条件"

民国元年2月9日，由民国南京临时政府向清室函送的有关清帝退位的优待条件，共分甲、乙、丙三项总计十九款，既有给皇帝的优待条件，也有给清皇族待遇的条件，还有关于满、蒙、回、藏各族待遇的条件。但由于社会上不时出现反对之音，再加上民国政府财政困难，对此条件的执行经常大打折扣，故逊清皇室一直有"优待条件"是否会被废止的担心，为此他们百般努力，力争使"优待条件"列入宪法，以便得到永远保障。《绍英日记》对此频有记录：

> 世中堂午后至总统府谈优待条件加入约法事，大总统之意甚好，盖为永远遵行，确定效力之意。（民国三年三月十一日）

---

① 《绍英日记》影印本，第4册，第6页；第5册，第510页。

进内，求见四宫主位，召见于太极殿……上意尚以为可，令将年节及各节应交之款交进，并言及优待条件应提议加入宪法事。（民国五年十二月初五日）

午后至那宅豫备请客事，徐中堂、世中堂到，所请议员到者一百七十馀人。徐中堂宣言请将优待条件加入宪法，以为保障，永远有效等语；汤议长化龙答词，大意可用制定宪法手续规定优待条件，永远有效，我辈可担任云云，座中全体鼓掌。徐中堂遂举杯称谢，此会尚为欢畅，可望达到目的，诚可庆幸。（民国五年十二月二十二日）

晚，福子堃等十位由宪法会议处旁听回，据云王谢家、荣厚、李振钧、克希克图诸君提出优待皇室条件，经国会第一次公决后永不失其效力，以为保障等议案，同会四百馀人均起立表决，均无异议。闻日后尚有行文政府、知照本府之手续云。（民国六年二月二十九日）

张将军谈及已见黎总统，请将皇室优待条件加入宪法，即用命令宣布云云，闻之甚为欣慰，从此可望优待稳固，并可息谣言而免嫌疑，实为幸事。（民国六年四月二十七日）[1]

虽然极力筹划，并得到了议长汤化龙的支持，但最终仍未达到目的。民国六年二月廿九日（4月20日）的宪法会议只是重申了“优待条件”的效力，并不同意将“优待条件”列入宪法。该年四月八

---

[1]《绍英日记》影印本，第3册，第44页；第335页；第347—348页；第382页；第399页。

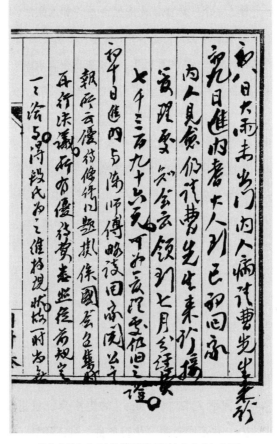

维持优待条件(《绍英日记》民国六年六月初十日)

日（5月28日）内务总长范源濂咨复内务部云："本年四月二十日宪法会议第四十八次会议，经主席以关于清皇帝优待条件及待遇蒙满回藏各条件，本属缔结条约性质，曾经临时参议院议决，当然永远发生效力，其加入宪法与否，效力均属相等，不必再议，众谓无异议，相应检回速记录，咨复贵府查照可也。"[①]正好可与《绍英日记》中所载相互参照。6月16日，入京调停"府院之争"的张勋（即日记中所云张将军）建议黎元洪"将皇室优待条件加入宪法"，接着又悍然发动复辟，虽然旋即失败，却给废止"优待条件"的一派提供了更多口实。所幸有徐世昌和段祺瑞等人的有意保全，逊清皇室暂得无事：

> 早，拜谒徐相国，晤谈许久，谈及优待条件之事。据云现正与新学家研究办法，以备将来谈判云。（民国六年六月初二日）
>
> 进内，与陈师傅略谈，回家阅《公言报》所云，优待条件问题拟俟国会召集时再行决议，所有优待费悉照从前规定一一给与，得段氏为之维持现状，故一时尚无危险之可言等语，此问题似在缓议之列也。（民国六年六月初十日）[②]

但"优待条件"的存废之争并未就此消失，而是愈演愈烈，至民国十一年达到一个高潮，该年《绍英日记》仅存下半年，但里面已有不少相关信息：

---

① 秦国经《逊清皇室轶事》，紫禁城出版社 1985 年版，第 28 页。
② 《绍英日记》影印本，第 3 册，第 437 页；第 443—444 页。

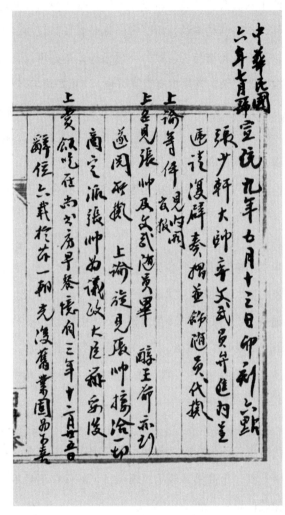

张勋复辟（《绍英日记》民国六年七月十三日）

午后至王府，王爷云……江宇澄说骆、李议员议案已为皖议员李振钧打销矣，可由皇室派赵尔巽、王士珍二人加以名义，令其随时帮同交涉，予云此事似有不便之处，恐民国疑忌，反不相宜，王爷尚以为然。（七月十三日）

午后江宇澄来谈蒋雁行钩结议员，欲诈取皇室银款，有给款一百五十万元，可不提议取销优待之语，宇澄已托同乡某结合数人劝令骆、李议员无形取销矣，盖凭空居功之意也。（八月十六日）

早，进内，耆、宝大人到，谈及邓元[彭]提议案并无人联署，据恩永春、乌泽生云仍宜镇静为要，彼等必随时照管也。议定仍请议员诸位招呼一切，研究办法，一面催送曹、吴诸要人物品，以便求伊等关照也。（十一月初三日）

午后至梅裴猗处晤谈，据云四川议员孙镜清拟提议案，云皇室违法，应取销优待等因，梅不肯联署，并劝其毋庸提出，孙尚未决定如何办理。当托梅君随时维持解释为要。（十一月初八日）

闻宝大人云议员李燮阳提出议案取销优待，追究复辟之事，已有卅七人联署，恐欲列入议事日程，当即回明王爷。晚间同耆、宝大人至王懋轩处送交回赏一分圆一方，大金盒一对，福寿字各一方，特等银杯一件。又赠曹巡阅使物品一分圆一方，大金盒一对，画一幅，特等纪念银杯一件，托王懋轩寄去。请懋轩看李燮阳议案，找其设法维持，伊已允为设法代托王兰亭、刘京兆尹转属议员等维持也，且云将来尚须属参议院掌笔之议员将优待条件加入宪法，以为永久保全之计，谈毕退出。同至福全馆晚餐，嘱锺捷南赴津报告徐总统，请为设法督催王懋轩速为设法维持也。（十一月十五日）

早，进内，请朱大人属孙润宇代拟理由书稿。晚，福全请客，蒋梅生云议员李纯修、张书元又提议案请取销优待条件，当托蒋君代为疏通云。(十一月廿日)[①]

这些议员多系国民党出身，如骆继汉、孙镜清、张书元，但也有立宪派出身的李庆芳和旧进士出身的李燮阳，其中更有不良议员与蒋雁行这样的北洋勋旧相互勾结，欲行敲诈之事。八方风雨，草木皆兵，"人为刀俎，我为鱼肉"的状况下，怎么能不提心吊胆，仰人鼻息。因此每逢国会议员开会之际，即是逊清皇室神经高度紧张之时。面对国民党或其他不怀善意的议员，逊清皇室自然会凄惶和不安，每有疲于应对、如履薄冰之感。

由于"优待条件"照顾面广及清皇族及满蒙回藏王公贵族，因此逊清皇室的王公大臣们，无论对复辟"已经感到绝望的，还是仍不死心的，都舍不得这个优待条件"[②]。对于绍英等内务府官员和其他王公大臣而言，其最盼望的是国会能将"优待条件"写入宪法，最恐惧的是议员提议取消"优待条件"；如果不能将"优待条件"写入宪法，那么能够"维持现状"也心满意足。即使是溥仪被赶出紫禁城，"优待条件"被冯玉祥控制下的摄政内阁修改为"大清宣统帝从即日起永远废除皇帝尊号""政府每年补助清室家用五十万元"等五条后，绍英等人对恢复"优待条件"也未放弃努力，甚至

---

① 《绍英日记》影印本，第5册，第117页；第138页；第189页；第193页；第197—199页；第200页。

② 溥仪《我的前半生》，群众出版社2013年版，第94页。

一度想要接受修正条件 [①] ：

> 发致孙中山函一封，内务府大臣四人衔，为优待条件请其维
> 持，以昭大信事，收讫。（民国十三年十二月初八日）

> 予至陈师傅处晤谈，请其在上前陈奏，总以优待条件定局再
> 为出洋为妥，否则上若远行，恐即牺牲一切优待各条，均不能办
> 到，恐尚不能如修正之五条，且私产将为人收没，将来一无所有，
> 将如之何。且此时赴日，若待以皇帝之礼，必致民党之大反对，若
> 待以平民之礼，岂不先自认取消尊号耶？若待解决后再为从容出
> 洋，似觉有益无害也。并请陈明，将柯君凤孙加派留京办理善后事
> 宜，以便与执政随时接洽，大有裨益。陈太傅均尚以为然，不知肯
> 切实陈请否。（民国十四年二月初六日） [②]

绍英等内务府官员的保守倾向深为溥仪和他的洋师傅庄士敦所不
满。溥仪曾深有同感地引用庄士敦的话说："内务府有个座右铭，
这就是——维持现状！无论是一件小改革还是一个伟大的理想，碰
到这个座右铭，全是——Stop（停车）！" [③] 庄士敦本人的回忆录不仅
认为"对于每个已故的内务府成员来说，或许把'维持现状'四字
刻在他们的墓碑上都不为过份"，而且认为"皇室卑躬屈膝地乞求

---

① 另参张书才据中国第一历史档案馆所藏溥仪全宗档案编选之《溥仪出宫后图谋恢复优
　待条件史料》，《历史档案》2000 年第 1 期，第 66—78 页。
②《绍英日记》影印本，第 5 册，第 480 页；第 536 页。
③ 溥仪《我的前半生》，第 106 页。

民国政府，付给它已过期的本应分期偿付的津贴，因而一再将自己置于屈辱和可耻的境地"①正是内务府的"维持现状"造成的。但理性分析，如果能维持"优待条件"，也许就不会发生后来溥仪潜往东北，制造国家分裂的糟糕局面；维持"优待条件"的现状，也许不失为对中国损失较小的一种选择。可惜历史走向了相反方向，随着"优待条件"的废止，溥仪与民国渐行渐远，以至后来被日本利用，沦为日本侵华的工具。从《绍英日记》里，我们听到了不断回响的逊清皇室沉沦的哀歌。

另外，由于总管内务府大臣的身份，绍英经常与闻要事，如袁世凯称帝、张勋复辟、两次直奉战争、鹿锺霖逼宫、溥仪避居天津等，故其日记虽系私人之史，但每每可见出那个时代政治的多元纠缠和时局的动荡变化。《绍英日记》又堪称一份研究清末民初政治史的重要文献。

二　为什么都是负债者

阅读《绍英日记》，感受深刻的还有一种经济上的支绌感和窘迫感。民国政府、逊清皇室以及绍英本人，似乎整日都在为没钱发愁。绍英长期担任晚清度支部主要官员及逊清总管内务府大臣，对经济数字比较敏感，其日记中凡涉及银钱者，每每详为记录，颇可作为研究逊清皇室乃至民国财政状况的有用史料，亦颇能发人

---

① 庄士敦著、陈时伟等译《紫禁城的黄昏》，第172页。

深思。

（一）作为欠债大户的民国

《绍英日记》中的民国政府，竟然是以一个欠债大户的形象出现的[1]。不妨看几则其民国元年的日记：

> 饭后四点钟，至石大人胡同袁大总统处，见，略说内务府用款事，允为拨给，但宜随时拨用，若多拨恐办事人生心侵蚀。（元月二十八日）
>
> 世中堂谈内务府欠领部款、欠外各款筹拟抵补之法，已行文度支部，应由度支部请总统酌夺为宜。（二月初一日）
>
> 进内，与世中堂商议致理财部公函，为请拨足正月分应拨卅三万馀两事。（二月二十三日）[2]

可见，民国答允的优待经费从一开始就没及时拨付过，之后拖欠

---

[1] 事实上，北洋政府的财政，确实是靠庞大的外债和内债支撑。参黄逸平、虞宝棠主编《北洋政府时期经济》（上海社会科学院出版社1995年版）第三章第二节"举债度日"；金普森《近代中国外债研究的几个问题》（浙江大学出版社2011年版）之《北洋外债研究的几个问题》和《北洋时期的财政与外债》，据金氏研究："在北洋时期，据初步统计，共举借外债633项（不包括南京临时政府举借的12项），年均近40项，债务总额达15.56亿银元。"（《近代中国外债研究的几个问题》，第100页）

[2] 《绍英日记》影印本，第2册，第293—294页；第296页；第304页。

以债票、国库券各一半归还旧欠（《绍英日记》民国九年三月十九日）

连连，至民国五年五月，已拖欠六百馀万两①；而民国五年更为不济，至十一月，本年"共欠给优待经费二百五十一万七千〇六十六两"（《绍英日记》民国六年十二月十三日）②。至民国七年十月，拖欠竟逾千万两③；至民国九年三月十九日，只好"以债票、国库券各一半归还旧欠"④，但债券取息常常拖欠甚至不付，信誉并无保证，以致内务府有"得之宛如获石"之叹⑤。其后每况愈下，民国十年给

---

① 《清内务府档案文献汇编》第9册（全国图书馆文献缩微复制中心，2004年）所收逊清内务府民国五年（1916）6月12日致国务院公函底稿云："查财政部欠发皇室经费，自二年至本年五月，综计已达六百馀万两之巨。……计开：民国二年分共欠银1973333两3钱3分4厘，民国三年分共欠银1510315两2钱，民国四年分共欠银1336000两，民国五年至五月分共欠银1198666两6钱6分6厘。通共欠银6018315两2钱。"（第3647—3650页，为直观计，将原文汉文数字改为阿拉伯数字）按：秦国经《逊清皇室轶事》第77—78页亦载有民国元年至八年逊清皇室经费实领情况："民国元年：应领不欠；民国二年：领2881867两4钱6分2厘；民国三年：领2489684两8钱；民国四年：领2664000两；民国五年：领1533599两6钱4分4厘；民国六年：领2003999两7钱6分；民国七年：领1872000两；民国八年：领1656000两。"其中民国二年所领经费与内务府公函底稿载所欠经费合起来已达485万馀两，因《逊清皇室轶事》是据档案抄录，并非影印出版，因此疑此处数字或有误抄之处。

② 《绍英日记》影印本，第3册，第340页。另内务府民国五年（1916）12月24日致国务院公函底稿云："查本年经费仅由部领到银一百一十万两有零。"（《清内务府档案文献汇编》第9册，第3653页）十一个月的优待经费总额减去已领到的一百一十万馀万两，与绍英所云数位大致相合。

③ 内务府民国七年（1918）10月19日致财政部函底稿云："累年积欠竟逾千万。"（《清内务府档案文献汇编》第9册，第3709页）

④ 《绍英日记》影印本，第4册，第254页。

⑤ 见民国七年（1918）4月24日内务府致徐世昌函底稿，《清内务府档案文献汇编》第9册，第3626页。

170万元，民国十一年仅给30万元[1]，民国十二年至中秋节仅领过22万元，数年积欠又有九百馀万[2]。而那些所谓领到的经费，也并非皆给以现洋，常充以纸币或债券等，这些币券随着通货膨胀不断跌落贬值[3]，使逊清皇室的财政窘境进一步加剧。以至民国十一年（1922年）溥仪大婚费用一减再减，"典礼处具奏大婚典礼共享银二十九万一千七百五十六元"（《绍英日记》民国十一年十一月十五日）[4]。还不到30万元，这与花费了1100万两白银的同治婚礼和花费了550万两白银的光绪婚礼相比，实有云泥之别，它反映出民国与逊清皇室的财政均极窘迫。虽然尽量低调，但溥仪大婚依然受到了批评，议员邓元彭云："何物溥仪，不知自爱，生存于五色国旗之下，胆

---

① 阿部由美子《中华民国北京政府时期清室、宗室、八旗与民国政府的关系——以〈清室优待条件〉为中心》一文引冯煦、郑孝胥等致张作霖信云："近几年很少供给，前年170万，去年仅30万，本年（1923）1—7月仅供给22万元。"该文总结云："综观民国政府供给清室岁费大致水平，袁世凯时代60—70%，1910年代50—60%，1920年代20%。"《清代满汉关系研究》，社会科学文献出版社2011年版，第544页；第545页。

② 内务府民国十二年（1923）致财政部函底稿云："惟查优待经费历年积欠不下九百馀万元，而本年只领过二十二万元……现在旧历秋节在迩。"（《清内务府档案文献汇编》第9册，第3935—3936页）

③ 如内务府民国七年（1918）致财政部函底稿云："本府所领经费皆系中、交两行纸币，际兹票价日益低落，亏折自必加多，即使所领足额，尚未及原数之半。"（《清内务府档案文献汇编》第9册，第3709—3710页）世续民国八年（1919）致徐世昌函底稿云："刻闻各机关有于新年后均搭放现洋四成之语，敝署所领经费均系中、交纸币，嗣因币价跌落，以致承差者赔累不堪……特函请饬下财政部，嗣后拨给皇室经费，亦按照各机关一律搭放现洋四成。"（《清内务府档案文献汇编》第9册，第3721—3722页）民国十一年（1922）八月十三日《绍英日记》："本节向汇丰借五十万元，民国财部给十万元，计现洋、兑换券各五万元。"

④ 《绍英日记》影印本，第5册，第197页。

敢藉结婚之仪仗，特标榜其黄龙旗大皇帝之徽号，形似滑稽，事同背叛。"①甚至提议取消优待条件。

延至民国十三年溥仪被逼出宫后，《优待条件》经费一条被修正为"民国政府每年补助清室家用50万元"。即使如此，民国政府也未兑现，《绍英日记》民国十三年十二月十二日载："午后恩、鸿老爷来谈公事，据云政府发给十月份二成经费八千四百元，是否承领。予云此款既声明每年五十万，分月应发之二成，当此大局未定之时，已经减成发给，自未便承领也。邓三爷来谈，已与李总长商定，可由内务府函致段执政，请求发给陈欠及已发之国库券未能使用之款，求其设法，以便度过阴历年关。"②本已减至每年五十万元分月发放，但首次发放即只有应发的二成八千四百元，又怎能指望以后情况会好转，无怪乎绍英要拒领了。

（二）皇室的借债与自救

逊清皇室是民国的债主，但因机构臃肿，浪费严重，每年仅三节（端午节、中秋节、年节）用银即高达一百多万两，于是又不得不奉银行为自己的债主。溥仪虽对内务府管理不善、贪腐浪费深感不满，但以他自己为首的皇室核心成员更是挥霍无度。《我的前半生》中曾回忆：

关于我的每年开支数目，据我婚前一年（即民国十年）内务府给

---

① 天津《大公报》，1922年12月3日。
② 《绍英日记》影印本，第5册，第484—485页。

我编造的那个被缩小了数字的材料，不算我的吃穿用度，不算内务府各处司的开销，只算内务府的"交进"和"奉旨"支出的"恩赏"等款，共计年支八十七万零五百九十七两。[1]

月支达七万馀两。《郑孝胥日记》民国十三年五月初一日载："是日交进上用及太妃、后、妃月用共十七万有奇。"[2] 这个数字显然是包括三位太妃和溥仪的后妃在内的，这尚是在财政最困难的民国十三年，合计年支亦有二百馀万元。不妨看一下《绍英日记》所记民国十三年六至八月溥仪除"月用"外的其他开销：

> 上买汽车用洋八千六百元，又令交进五百元。(六月十九日)
>
> 召见予与荣大人，交下珍珠手串两挂，又廿二串，令变价。(七月初三日)
>
> 荣大人传知上要二万元，为给赈款。(七月十五日)
>
> 是日上言及内务府之事，责备办理无效，既未能核减，又不能开源，如增租催租等事。并云每节必用物品抵押借款，何所底止，将来有何办法；对云如能裁减至王府规模，将局面撤去，似可核减之处甚多，譬如王爷府中起居饮食亦不致甚苦，用人既少，浮费亦少也。上云莫非将尊号撤去；对云并非如是，虽然极力核减，依旧尊严，不过核减用度而已。上云嗣后如有应核减之处，可开单请旨；对云应请乾纲独断，自能实行大减也。秋节之事上令将节赏裁

---

① 溥仪《我的前半生》，第113页。
② 劳祖德整理《郑孝胥日记》，中华书局1993年版，第2002页。

撤,亦不必另行交进,只将所欠月例等款发放,馀俟过节有钱时再为发给也。遂退出。(七月二十一日)

会同荣大人将售珠价银八万元期票八张呈交,上收入,尚有喜色。(八月初六日)

耆大人请假五日。上要现洋五百元,已交进讫。(八月十六日)

接堂上电话,本日上要银洋二千三百元,要款无度,应付为艰,自应请朱大人代为陈明,否则实无办法也。(八月十七日)[1]

不到两个月,额外要款 31900 元 (还不算变卖珍珠手串的八万元),无怪乎绍英会觉得"要款无度,应付为艰"。因此当溥仪指责内务府不能开源节流、办理无效时,胆小谨慎如绍英者亦忍不住指出是宫中浮费太多了。当如此"浮费",而民国优待经费又不能落实时,向银行举债就成为无奈而当然之举了。从《绍英日记》的记载看,民国十年前逊清皇室还不常向银行举债,之后举债的频率就高了起来,以至抵押债券或宫中金册、金宝和其他金器等,跨入 1920 年代,民国政府对优待经费的发放,因"国库支绌,实发不及二成,皇室所维持生活,胥恃典质旧物"[2]。

为了改变这种窘境,逊清皇室不止一次试图挣扎和开展自救。

---

[1] 《绍英日记》影印本,第 5 册,第 391 页;第 409 页;第 412 页;第 414—415 页;第 421 页;第 428 页;第 429 页。

[2] 清代宫史研究会《清代宫史论丛·宗人府教养工厂创办概况》,紫禁城出版社 2001 年版,第 315 页。

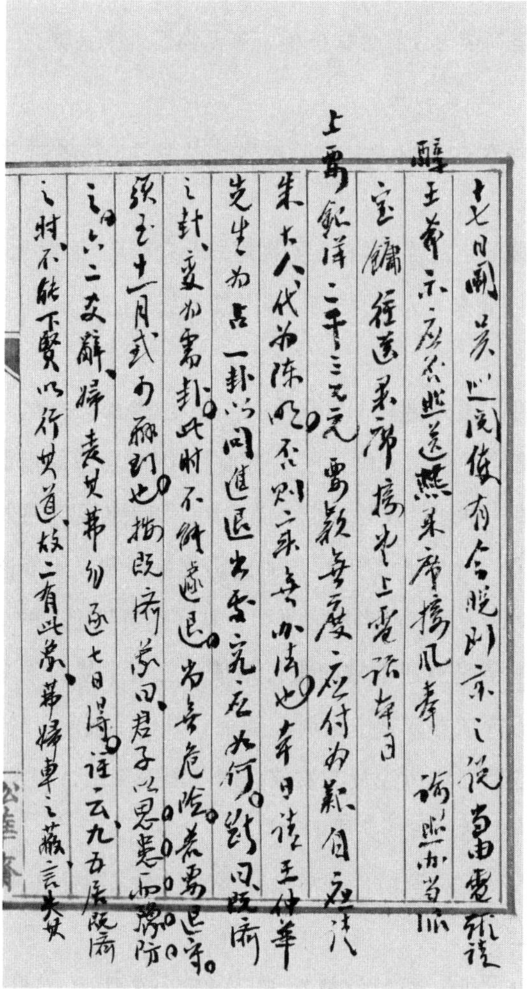

要款无度（《绍英日记》民国十三年八月十七日）

在不断催促和请求民国政府及时拨款的同时，也想了一些开源节流之策。如"不得不以租房卖地来弥补经费之不足……这样仍然维持不了皇室的开支，所以溥仪一再压缩机构，精简人员，结果都无济于事。最后不惜盗卖古董文物，或以大批的珍宝玉器为抵押，向汇丰等洋行大量借款，以维持这个小朝廷苟延残喘的命运"①。除此之外，还有领取债券利息或折价将公债兑换现钞等②。这些情况，在《绍英日记》里都有真切的反映。如：

> 皇太后谕令：所有皇室所属各衙门应裁应并，通盘筹划永久之计，随时会同醇亲王妥商办法，奏明办理。(民国元年十月初八日)
>
> 进内，王爷、伦四爷、中堂、陈师傅、景大人会同先至端康皇贵妃前陈明节省经费事，又同至太极殿见三位主位陈明核减经费事。(民国三年六月二十一日)

---

① 秦国经《逊清皇室轶事》，第 78 页。该书大量利用故宫档案，对逊清皇室精简内务府机构人员和遣散太监的过程有详细记录。另外，滕德永《逊清皇室筹解经费的努力》(《溥仪研究》2016 年第 1 期) 利用《绍英日记》等史料，对此问题也有较详细的探讨。陈肖寒《民国初年逊清岁费问题初探 (1912—1916)》(《西南农业大学学报》2009 年第 4 期)、田牛《论逊清"小朝廷"的皇室经费问题》(《求索》2014 年第 6 期) 对此问题也有所论及，皆可参看。

② 《绍英日记》民国六年还记载了拟以公债折价入股投资事："刘聚卿来谈债票入股事。"(元月十一日)"中堂将钱能训 (干臣) 所交之办理债票入股条款呈王爷阅看，王爷令中堂与徐中堂商酌办理。予与中堂云如必欲入股，可照有限公司办法，声明应有限制，以免日后赔累。中堂尚以为然，令锺洁南转告邓君翔债票事须从缓办理，因有议员误会也。"(二月十九日) 分别见《绍英日记》影印本，第 3 册，第 359 页；第 373—374 页。然似未果行。

午后至筹备处，商酌内务府应行裁并事宜。(民国四年二月十三日)

蒙召见予与耆大人，为裁膳房厨役、太监事。(民国十年十一月初二日)

上交下朱谕一道，大意每年只用五十万之谱，令王大臣等设法核减云云。大家随同醇王爷至养心殿，召见。上云民国不给经费，入款无着，不得已而为核减之举，甚望帮同核减，分别具奏，众云节流固不可缓，开源亦应举行，庶克有济。(民国十三年三月十五日)①

以上这些都是关于"节流"的记录。而关于"开源"，《绍英日记》里更是不乏其例，如：

与中堂谈内务府地租事。(民国四年八月二十日)

中堂交进售卖瓷器洋元票八万七千元，银库取到公债息银卅万四千八百八十七圆三角。(民国七年四月三十日)

午后接奉醇王爷电话，令给总理、总长信，以催经费。(民国十年十一月二十九日)

至王懋宣处晤谈，请其看邓君翔信，说明拟运出金器交汇丰作押，以便筹备续借大婚用款。(民国十一年九月初九日)

上召见，问奉天汇到之地价廿万小洋，对云已回明王爷，令归入典礼处备用；上云此款应存，以售公债之款办喜事，对云因现

---

① 《绍英日记》影印本，第2册，第368页；第3册，第73—74页；第137页；第5册，第150页；第322页。

在用款，已经动用，将来拨账亦可。(民国十一年九月二十七日)

早，王爷到，回明派锺捷南赴津，托徐总统转属王将军向曹总统陈请催拨经费及维持一切事。(民国十二年九月十二日)

此次郑大人与大陆、实业银行所借之款第一批之数五十五万元，除还汇丰外，尚馀七八万之谱，其抵押即用汇丰前后两次提出之金器，另有清单；尚拟第二批借款廿五万元，即以古玩等物作抵押云。(民国十三年三月二十八日)[1]

看来，所谓的"节流"无非裁人裁经费，但谈何容易；所谓的"开源"，虽有催款、地租、售物、公债变现、抵押借款诸项，但催款效果无疑不彰，其他诸项亦不过是饮鸩止渴之法。

上述诸例中的"郑大人"指郑孝胥，事涉逊清皇室自救的特殊努力。由于不满内务府官员的因循守旧、经营不善，溥仪于1924年3月3日破例任命郑孝胥这位汉大臣为总理内务府大臣，并且掌管印钥，令其全权整顿内务府。虽然郑孝胥的办法也无非裁人、裁经费、抵押借款等，但他裁治太狠，步骤太急，不仅遭到内务府官员的消极抵抗和胡嗣瑗等遗老的反对；而且遭到民国议员对其是否

---

[1] 《绍英日记》影印本，第3册，第174页；第567页；第5册，第70页；第156页；第167页；第244页；第342—343页。

盗卖宫中古籍、古物的质疑，仅过了三个多月，就被迫辞职①，这次改革遂虎头蛇尾地结束了。印钥虽然又回到了绍英手中，但他并无喜悦之情，因为逊清皇室财政如沉疴之病人，像郑孝胥那样用猛药固然不可，但所谓的"维持现状"之法亦不过是缓死而已，因此绍

① 胡嗣瑗对于罗振玉和郑孝胥显露宫廷秘宝引人觊觎，以及依违军阀间颇多批评。胡氏《甲子蒙难纪要》载："自癸亥（1923 年）七月孝胥展觐回，颇思自见，抵书陈太傅宝琛等，举前知府金梁任清理京、奉皇产，谓可得巨赀，充内帑。宝琛约北来，商办法。是年冬，孝胥复至，则主立裁内务府，锐减民国岁支皇室经费四分之三，群讶其大言操切，无一赞成。遽还沪，诋在事者贪庸恋栈，陈太傅亦同化。甲子（1924 年）正月，入京祝嘏，承命总理内务府，引金梁并为总管大臣。明知裁减窒碍多，姑从缓，第一决运《四库全书》赴沪，交商务印书馆印行。点装待发，民国指为盗卖，趣总统曹锟抗阻，国会哄纠孝胥，牵及陈太傅，曹锟遂派其属十人清查皇室宝藏。势旋发，内外大哗，金梁犹日上封奏弹射人，比随孝胥等御前议内府减费，未决，忽泄清单于报馆为新闻，被温肃劾之去。孝胥亦不安于位，改懋勤殿行走，留京不即归。时吴佩孚狃于直皖之役，号无敌，开幕府于洛阳，谓可操纵全局。孝胥与子郑垂更番入洛，不审谋何事，似无所就。冯玉祥在豫与吴佩孚不相能，却诒奉曹锟，得移军营南苑，并一再上谒我醇亲王，谬恭敬，内务府为奏赏紫禁城内骑马，且逊词呈乞代谢。孝胥又图与交结，走天津谒段祺瑞为书绍介，既相见甚欢，骤凭之以懽中廷诸人，诸人亦或诧孝胥叵测。会曹锟、张作霖交恶，酿兵祸日急。佩孚实主其事，将自洛入京，孝胥倏往就之，同车抵前门站，玉祥出迎，不虞郑、吴之仍合也，目摄之而未言。佩孚从正阳门中道入，住四照堂，排日会议，或遇孝胥偶在坐，玉祥疑益甚。及发，佩孚自当滦榆正路，遣玉祥军出热河，转攻奉。吴、张军已搏战，玉祥俄倒戈回京，国民军孙岳启城延之入，拘曹锟，捕锟弟锐，婴人李彦青毙杖下。佩孚闻变，军溃走，众惶骇不知所为。孝胥乃诒玉祥称贺，商逐内务府旧人，交其接管，许岁费由四百万减为五十万，俟清理内有财产，自给当有余，直不需民国一钱。玉祥阳称善，阴喜内藏富，得攫以自雄，孝胥窃犹倚恃玉祥。群丑计决，先去景山禁军，以炮兵踞大高殿。越日，鹿锺麟即率兵入宫，逼改优待条件，迫迁乘舆，立限答复。内务府大臣绍英在内，手草复文，允移宫，徐俟派员再议。文交出，即扈驾出幸醇亲王府，后妃亦随往。鹿军露刃环视，竟莫敢谁何，为十月朔又九日。孝胥时处寓舍中，尚曹然未之觉也。"（裘陈江整理《胡嗣瑗日记》，凤凰出版社 2017 年版，第 153—154 页）

英在五月二十四日的日记中如此记载：

> 进内，王爷到。郑大人请开缺，奉旨允准，仍在懋勤殿行走，
> 并着会同筹办内务府核减事宜，并派朱大人益藩会同办理内务府
> 事宜，派绍英佩带内务府印钥等因。对于王爷声明，将来如病体不
> 支时，尚祈王爷施恩赏假开缺等因。王爷云，不可令我着急，我若
> 急死，亦无好处。对云不敢让王爷着急，但若病情不能支持时亦无
> 法也。语近激烈，实由于公事直无办法，只得看日后维持到何地步
> 再作斟酌。[①]

"直无办法"是逊清皇室财政窘境和绍英为难心理的真实写照，而
且诸如此类的哀叹在《绍英日记》中是一种常态化表现："日后若
无善后办法，皇室之事实无法维持矣"（民国十年八月十三日），"以后
用度甚为难继，真无办法也"（民国十二年八月十六日），"后难为继，真
无办法"（民国十三年十二月二十六日）。甚至发出"现在当官之困难实
与地狱相近"（民国十一年七月二十六日）[②]的悲鸣。

（三）入不敷出的总管

绍英作为逊清皇室的高级官僚，每年的薪金及各种赏赐、饭银
补贴等，合起来数目颇为可观。以民国四年为例，他的各项收入统
计如下（每两银折算为1.39元）：

---

① 《绍英日记》影印本，第5册，第382—383页。
② 《绍英日记》影印本，第5册，第135页；第232页；第291页；第126页。

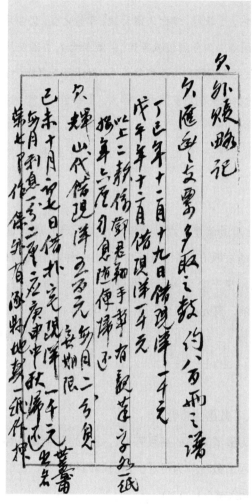

《绍英日记》欠外账略记

二品俸银：430.52 元 (107.63×4 季)

内务府津贴：7200 元 (600×12 月)

管理处薪俸：3600 元 (600×6 月，因该薪自七月开始发放)

饭银：3624 元 (计银 1600 两，钱 1400 元)

皇宫赏赐：5838 元 (计银正月 1000 两，三月 1000 两，五月 400 两，

       七月 200 两，八月 300 两，十月 300 两，十二月 1000 两，合计 4200 两)

出租房屋：250 元

银行利息：571.4 元

其他：795 元

总计：22308.92 元

该年各项进账竟有两万多元，可谓收入颇丰[①]。绍英又行事慎廉，力求节俭，生活本应优裕从容。但是，随着民国六年十二月廿五日其兄绍彝病重及去世，绍英日记里开始出现向银行借款的记录："欠款附记：福子昆代借一千元，义顺号，无利息。前欠汇丰支票取约八百两，又字据借一千元，按年六厘息，随便归还。欠竹铭存四百元，欠姨奶奶一百元。"(按：此记附于民国六年阴历岁末日记后)[②]"欠外账略记：欠汇丰支票内多取之数，约八百两之谱，又丁巳年十二月十九日借现洋一千元，又戊午年十二月借现洋一千元，以上二款系邓君翔经手，有亲笔字各一纸，按年六厘行息，随便归

---

① 庄士敦引濮兰德《清室外纪》一书，谓"宫中一名高级官员的年收入，估计在百万两以上，当时约合二十万英镑"(《紫禁城的黄昏》第 170 页)，当然是不可信的极度夸张之语。

② 《绍英日记》影印本，第 3 册，第 511 页。

还。欠辉山三爷代借现洋五百元，每月二分息，无期限。己未十月初七日借朴宅现洋一千元，系世善甫出名，每月利一分二厘，荣七爷作保，有涿县地契一张作押_{应先还}。欠义顺号一千元现洋，系福子昆代借，并无字据利息_{缓还}。暂借宋姐现洋五百元，无利。又借宋姐现洋一百五十元，每月二分利_{应先还}。生辰用，又借一百五十元。五太太转借桐宅五百元现洋，每月一分利_{应先还}。公中借用竹铭现洋一千元。暂借二少爷现洋一千元。"（按：此记附于民国十年阴历二月二十九日后）[1]

为什么会出现这种情况？原来除了自己一家，绍英还要抚养或帮助其他几位亡故兄长（绍勋、绍祺、绍诚、绍彝）的家属，多达数十口，为此他还专设了账房，聘请侄儿世煜管理。民国十三年旧历除夕他记云："本年年节家中年例约用五百元，还账约二千五百馀元，向盐业银行浮借二千元，借姨太太存款一千元。自明年元旦起撤去账房，每月尚须用月例二百元，公中月例一百元，伙食一百元，米面尚不在内，已月需四百元之谱。"[2] 如果将端午节、中秋节的例费也约略等同于年节的话，三节费用共需 1500 元左右，加上每年4800 元的月例和伙食费，家累确实不小。

然而，更大的开支还在于他为维持自身社会身份所必需的排场而花的费用，如他虽然每年都能从宫中获得数千两银子的赏赐，但绝大部分都要用来赏给宫中的太监和苏拉。民国元年，他甫被任命为总管内务府大臣，即交世续千金，"以备见面礼之用"（《绍英日

---

[1]《绍英日记》影印本，第 4 册，第 247 页。
[2]《绍英日记》影印本，第 5 册，第 499—500 页。

记》元月二十九日），这份见面礼，当然主要用来疏通太监[1]；民国二年端午节他付出的"太监赏、苏拉赏约七百两"（《绍英日记》五月初五日），民国十三年中秋节，收入已经减少的他也付出了"太监、苏拉赏三百四十元"（《绍英日记》八月十五日）[2]。平时他凡进宫办事，或遇赏饭、赏物等，都要给具体办事的太监、苏拉等不菲的小费，据其日记记载，民国元年四月二十三日，他得赏银一千两，遂"送给抬夫八元"；民国二年三月二十四日，"进内，请安，带匠。荣惠皇贵妃赏饭吃，谢恩，予与景三哥各给太监洋银十元"。同年九月四、五、六日，他连续进内带匠，"上赏饭吃，每次送给招呼饭太监十元，三人共卅元"。民国三年四月初十日，他进内带匠，"敬懿皇贵妃赏饭吃，共赏给厨茶役卅元"[3]……以他的地位和收入，出手绝不能小气，但动辄八元、十元的赏赐，长期积累，仍是一笔沉重的负担[4]。马延霨先生曾回忆绍英当年的情形："过去，我家老宅边上有

---

[1] 《绍英日记》影印本，第 2 册，第 294—295 页。这种陋习遭遇到外国人庄士敦的抵制："入宫后的第一次口角发生在我与宦官之间。宫廷中有个惯例，当新的任命者得到赏赐物品时，需要把它们散发给周围的人。而我对他们这种索取的答复，使他们感到既惊愕又沮丧。我同意拿出他们所要求的数量，但是他们必须给我正式的收据才行。"（《紫禁城的黄昏》第 137 页）

[2] 《绍英日记》影印本，第 2 册，第 457 页；第 5 册，第 428 页。

[3] 《绍英日记》影印本，第 2 册，第 325 页；第 439 页；第 509 页；第 3 册，第 54 页。

[4] 按当时的物价水平，三至四元即能够维持一个人一个月的最基本饮食需要。三等辅国将军谦华的孙子文濂（时任宗人府笔帖式）1917 年曾上书陈述不愿袭爵的理由："月进款四十三元，全家大小十四人稍得生活……文濂承袭有名无实之世职例应开去笔帖式，全家大小十三人即日变成饿殍，思之实难瞑目。"收入《承袭清室王公将军等世职有关文书》（中国第二历史档案馆藏），转引自阿部由美子《中华民国北京政府时期清室、宗室、八旗与民国政府的关系——以〈清室优待条件〉为中心》，《清代满汉关系研究》，第 553 页。

个粮店。一到过节，爷爷为了往宫里送东西，就向粮店赊账。对皇帝贵妃的赏赐要有进奉，太监也要打点，一来二去花费不少，尤其是逢年过节。因此每过完节，爷爷都会长叹一声：'可算过去了！'一般人以为大官人家生活一定很阔绰，其实也很艰苦。"①

如果再加上车马费、置装费、医药费、保险费、宴请费、捐赠费、入股投资、婚丧嫁娶等花销，绍英在经济上难免会有左右支绌之感。但即使负债也要维持基本的体面，不能有违日常礼仪和风俗习惯。因为中国基于长期农耕社会和儒家伦理思想形成的礼仪与风俗，是极端重视人际交往的等级性、长期性和连续性，不如此就无法保持人情社会的基本稳定。一般而言，在上位者必须使自己的恩情时常大于在下位者，才能让在下位者觉得永远还不清、还不起，从而心甘情愿地维持彼此尊卑关系；即使地位相若，也会出于长期互相帮助的需要或考虑，在人际交往和应酬上投入大量时间成本和经济成本。特别是逢年过节、婚丧嫁娶，更不惜人力、财力，将平日之积蓄在这些人情节点上挥霍一空，经常造成极大的浪费。这也许就是从逊清皇帝到民国总统，从达官显宦到平民百姓，大家都好像在负债生活的原因之一吧。

而满族人在保留自己民族礼仪特点的同时，又相当程度地吸收了汉族的礼仪文化，其规矩和讲究之繁较汉族有过之而无不及，故有"旗人规矩大""满族老礼多"之谓。庄士敦回忆说：

---

① 马延霈《文武兼备·马佳氏自始至终辅清朝》，《法制晚报》2008 年 5 月 18 日。

我清楚地记得一次由皇帝的一位师傅举办并有几位内务府大臣参加的宴会。话题转到了皇宫内最近的一次节日上。节日的花销非常巨大，甚至必须抵押大量的玉器和瓷器。而对我来说，这似乎只是一次非常简单的典礼。那么，巨大开销的原因是什么？在回答我的颇带探究性的和可能不太礼貌的问题时，有人告诉我说，大部分钱都用来赏赐那些悬挂和点燃灯笼的太监们。这种劳务，在我看来，完全可以在北京的街上雇几个人去干，总的花费也不过10元钱。然后似乎只有花掉几千元才符合以往的规矩。[1]

逊清皇室的陈规陋习不仅令外国人感到疑惑，也令我们今人瞠目以对。宣统三年，绍英长子世杰娶庆亲王奕劻之女八格格为妻，成为皇亲国戚，似乎尊荣无比。据世杰之侄马延玉先生回忆：当时娶亲队伍前面到了北京齐化门新鲜胡同，后面还在东四牌楼，浩浩荡荡，规模庞大。马延玉先生家藏有当时的《喜礼簿》，记录送喜礼者多达506号 (有的一号包含多人)，整场婚礼耗资巨大。婚后第三年八格格产后血晕而逝，世杰本想继娶八格格之妹十二格格，而绍英认为不可。世杰婉言问之："如两家继续联姻有何不好？"绍英只说了一句话："太累！下去吧。"[2] 从这句简单而又意味深长的话里，不难体会出绍英对不堪重负的人情礼仪的厌倦和逃避。

《绍英日记》里记载的这些经济活动，背后多反映出特定的社会文化心理。《绍英日记》，可以成为我们理解中国传统社会运行机

---

[1]《紫禁城的黄昏》，第 212 页。
[2] 马延玉《绍英、奕劻两家联姻记》，《紫禁城》2003 年第 3 期，第 25—29 页。

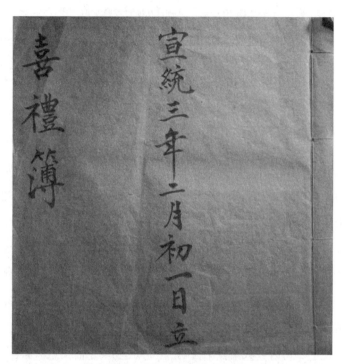

《喜礼簿》（马延玉先生重抄，原件捐公）

制的一把钥匙。

三　变态百出的人物群像

阅读《绍英日记》，还能感受到其对人物研究的突出价值。绍英长期身居高位，除其家庭成员外，他所接触到人物往往是各界名流，因此其日记中包含着非常丰富的人物信息。绍英对这些人物的言行常有较详细的记录，如果结合或对比其他史料，可以大大增进对这些人物的理解；有时即使是一鳞半爪的记录，也能使人物相关的生命片断更加清晰。

（一）满洲权贵

晚清民初的满族权贵群体，虽不乏日记传世，但记人记事多较简略，像《那桐日记》《荣庆日记》《醇亲王载沣日记》等，难以从中看出人物的面目性情。《绍英日记》则较为细心地记录了溥仪、奕劻、世续、宝熙、毓朗、载泽、载沣、载振、载涛等大批满族亲贵的言行，可补史阙。

光绪二十七年（1901）年，庆亲王奕劻聘用日人川岛浪速为监督，开办京师警务学堂，但却不允他直接插手中国警务，而是另外咨调绍英、瑞澄等三人襄办一切警务事件，且对他们指示："我调你们三位，帮同办理警务事宜，公事应以中国成法为主，其日本之警务章程，有可采者，亦应择善而从。……我已与小村使臣言定，约川岛办学堂事，不约进署办事。"并郑重地让铁良告知日本人：

"现在中国自行办理警务,不必诸位偏劳矣。"(光绪二十七年七月十一日)① 历史上对奕劻评价极低,以为其贪鄙昏庸,几乎无可取之处,但从《绍英日记》中却能看出奕劻亦具有精明和识大体之处。但是由于他对袁世凯的支持和主张宣统逊位,他也被前清亲贵和遗老们所痛恨,被视为大清亡国的罪臣,死后险些被予以恶谥。《绍英日记》记载云:

> 皇上在养心殿召见绍英、世中堂、耆大人三人。上云"庆亲王将大清国都卖了,对不住列祖列宗,毋庸予谥。"世中堂对云:"内务府应照例奏请应否予谥。"上云:"你们可向王爷说明毋庸予谥,如予谥,应用'墨、灵、幽、厉'等字。"世中堂对云:"奴才等即与王爷说明。"遂退出,世中堂拟于明早十点至府回事。是日叔诚回津。(民国六年正月初十日)
>
> 早十点至府,随同世中堂及耆大人见王爷,世中堂说明昨日召见世某等三人,皇上说奕某对不住列祖列宗,不能给他谥法,你等可与醇王爷商量毋庸予谥等语。王爷问应如之何,中堂云既如此说,只得遵照办理,好在将来总会知道是皇上主意,王爷云只好如此办理,不过是亲王无谥法,面子上稍差耳。遂均退出。拜西城客。晚,刘聚卿来谈债票入股事,答以容与世中堂说明可也。(民国六年正月十一日)

---

① 《绍英日记》影印本,第 1 册,第 74—76 页。

不过，最后溥仪还是听从遗老们稍存体面的意见，给了庆亲王"密"的谥号，意思是"追补前过"，这也是清代亲王中谥号最差的一个。溥仪《我的前半生》中对这一段也有详细的回忆。

《我的前半生》还记载了溥仪与端康皇贵妃的一次大的冲突，起因是端康辞退太医范一梅，溥仪因长期对端康严厉管教的不满，在陈宝琛和太监张谦和的支持下，与端康吵闹。端康叫来王公大臣哭诉，溥仪随后也召见他们评理，后来虽然勉强向端康认了错，但也换来了不再被管束的自由[①]。《绍英日记》对此事也有记载：

> 进内，至养心殿带匠。端康皇贵妃召见醇王爷等十人，为革医士范一梅事与皇上意见不和，哭诉一切，王爷率众人叩头，请主位不必生气等语。上云你们下去罢，遂退出。至毓庆宫，皇上又召见，云我因永和宫近来遇事自专，我本不应给伊请安。洵贝勒对曰，皇上所说固然甚是，但是由来已久，自可照常。上亦无说，即云嗣后折奏亦应给我看看等语。退出后，即请王爷传谕奏事处，自明日起将奏折请皇上先看，一面开具事由单，请王爷批回，再请上阅后传旨，如有拟谕旨之事，先将谕旨请皇上看后再为用宝，王爷尚以为然，即传知奏事处照办也。（民国十年八月二十六日）[②]

据此不但可印证溥仪的回忆，还可补充溥仪从此争取来了先看奏折的权利这一重要史实，从而使少年"天子"独立自主的意识得到了

① 溥仪《我的前半生》，第39—42页。
② 《绍英日记》影印本，第4册，第473—475页。

更为充分的呈现。

（二）郑孝胥

《绍英日记》不仅展现了满洲权贵的群像，而且记录了更多汉族人士的信息，是研究这些人物的珍贵的资料。以前举郑孝胥为例，他任总理内务府大臣的时间是民国十三年元月二十八日（3月3日）至五月二十四日（6月25日），与绍英共事机会很多，但此期的《郑孝胥日记》仅有7天明确提到绍英的名字，且多一带而过，对于其他内务府官员的名字也较少提及，多以堂官、笔帖式笼统称之，其交游圈仍是樊增祥、陈宝琛、林纾、王式通、曹秉章、罗振玉、高凤谦、傅增湘、王国维、王梅笙、周信芳等汉族名流，某种程度上可以反映出一种其与内务府满族官员的违和感，或许他内心深处压根就瞧不上这个群体吧。而此期的《绍英日记》明确提到郑孝胥的却多达51天，一些记述颇能见出郑、绍二人的不同性情：

> 晚，郑苏堪来，谈甚畅，此公兴致勃勃，可谓勇于任事也。（元月二十八日）
>
> 郑、金大人到任，略谈公事。……王将军与涛贝勒云，郑苏〔堪〕曾与晤谈，大致拟变卖皇产，恐又似裁太监，用外随侍，并无好处也。又云予已将钥匙交出，恐有灰心之意，其都护使一差于守卫甚有关系，不可任用汉人也。予云承教，自应在皇室效力，只要上不驱逐，必当效力也。菜尚好，尽欢而散。宝大人云闻上拟裁十分之七，未免太过，贡王有话，如銮舆卫、御前大臣处若裁减太

过，恐有解体之虞也，予云姑听郑之方针如何，自应先请王爷核准也。窃思此事应听总理大臣作主，未便多事，以招怨尤也，以敬慎为要。(二月初五日)

进内，郑总理请见，蒙召见，谕以每年岁用不得过五十万元，能减更好等谕。午后郑大人至筹备处宣布，并云昨晚晤邓君翔所谈之语。据郑大人云，拟觅一银行，将所有房产及陈设等件托其代为整理拍卖，由本府派人监督其事，暂令银行垫款，俟售出物品归还，有馀存行生息，如能所入之息可敷应用，便有成效矣。但君翔不敢担任。此项办法亦不易有成，且减至五十万亦非易事，只得随同筹办，不可参以己见，致滋咎戾也。……邓君翔来，谈与郑大人晤谈之事，以为所谈之事一时恐难就绪，不易办到也。(二月十五日)

郑大人与予及耆大人商办本府中央集权，用少人办多事之法，拟由堂上分设四科，曰总务、曰文牍、曰会计、曰采办，当派定每科司员四人。(四月初一日)

郑大人云，曾恳上允其仍回懋勤殿行走，上云过节再说，暂可照常办理核减之事。予云俟赵次珊回京，民国查办之事解决，再为开单筹备运物，至分科派人之事亦宜稍缓。郑大人意间尚欲急进，只得虚与委蛇，总以暂缓为妥。(四月初八日)

王爷到，郑大人回王爷改组事，奉谕似可节后再办。(四月十八日)①

***

① 《绍英日记》影印本，第 5 册，第 315—316 页；第 318—319 页；第 322—323 页；第 346 页；第 353 页；第 360 页。

郑孝胥像

溥仪于元月二十八日任命郑孝胥为总理大臣，二月初一日又命绍英将印钥交郑保管，对郑可谓满怀希望。郑孝胥也雄心勃勃，想要对内务府进行一番大刀阔斧的改革。但他上任伊始就受到民国京畿卫戍总司令王怀庆（王将军）和逊清皇室满族王公的共同怀疑，王怀庆认为裁撤太监改用外人"并无好处"，而大约接受了郑孝胥建议的溥仪欲将内务府机构裁撤十分之七，也遭到宝熙、贡王等人的质疑。后来郑孝胥虽然与绍英、耆龄于四月初一日达成了一致意见，拟将庞大的内务府机构裁并为总务、文牍、会计、采办四科，但他马上就要发表执行，显然与载沣、绍英等人的缓图之策相抵牾，因此被一再拖延推迟①。

至于财务改革，按照郑孝胥的设想，欲分三期："第一期，筹款。一面裁减，一面变价。第二期，存款。豫算既定，悉付现款。第三期，馀款。出少入多，用息存本。若办理顺手，一年之内可由第一期入第二期，使存款日见充裕，则入第三期亦不难矣。"②于是他欲觅一家银行，将逊清所有房产及陈设等件托其代为整理拍卖，令银行先行垫款，将来除还款外，以馀款之利息作为皇室日常费用。此举甚有气魄，奈何汇丰银行的邓君翔认为其不易办到，不愿承担。于是郑孝胥又向大陆、实业两家银行借款，"使员外郎恩泰向汇丰还借款，收回抵押诸器"③，以便再与其他银行接洽。但事实

---

① 郑孝胥将内务府裁为四科的计划，直至其卸任后的 7 月 17 日方由溥仪完成，见秦国经《逊清皇室轶事》第 168 页。

② 劳祖德整理《郑孝胥日记》（民国十三年二月初一日），第 1988 页。

③ 劳祖德整理《郑孝胥日记》（民国十三年三月初二日），第 1992 页。

《郑孝胥日记》

证明邓君翔的看法是正确的，抵押皇产之事很快受到民国方面的干涉，甚至郑孝胥欲将文渊阁《四库全书》运至上海出版以筹得现款一事也被迫中止。"民国的内务部突然颁布了针对清宫贩卖古物出口而定的'古籍、古物及古迹保存法草案'。不久，郑孝胥的开源之策——想把《四库全书》运到上海商务印书馆出版，遭到当局的阻止，把书全部扣下了。"① 诸事受到掣肘和阻碍的郑孝胥至该年四月就不得不再三求退，并于五月告病假陈请开缺，延至五月二十四日（6月25日），溥仪只好俞允了他的辞职 ②。

而绍英即使对郑孝胥的做法有意见，也总是"窃思此事应听总理大臣作主，未便多事，以招怨尤也，以敬慎为要""只得随同筹办，不可参以己见，致滋咎戾也"，最多是"虚与委蛇"，或是点到为止，并不公开激烈地反对。该年三月三十日《绍英日记》云："此后如何办法，应听新总理主持，我辈自应帮同办理，惟于大局有窒碍之处，亦不能不略为陈述，以免后患，是为至要。……自应

---

① 溥仪《我的前半生》，第 111 页。

② 该年《郑孝胥日记》载："上召见，谕云：'洵、涛言，程克密呈曹锟，请查皇室财产……且言：惟罢郑孝胥而使赵尔巽为内务府大臣，庶可少安。'孝胥乞退，上不许，曰：'宁为玉碎，不为瓦全。'"（四月初二日）"召见，陈不能整顿之状，求去，上不许。"（四月初七日）"奏请病假十日。"（五月初六日）"假满，奏请续假十日。"（五月十七日）"奏请开缺，即日奉上谕：郑孝胥奏，旧疾复作，难胜繁剧，恳恩准予开缺一折。该大臣学识优裕，倚任方深，兹据奏称旧疾复发，应早医治，自系实在情形。著开去总理内务府大臣之缺，仍在懋勤殿行走。"（五月二十四日）有意思的是，五月初八日其日记载："与小七同至首善医院，方石三为余诊视，遍察心、肺、肠、胃，又验便溺，告云：'无病。唯数日可适野一游以散抑郁耳。'"分见《郑孝胥日记》第 1997 页；第 1998 页；第 2002 页；第 2004 页；第 2005 页；第 2003 页。

以勤慎镇静为要，不可任意妄动，纷更自扰，必须立定脚跟，谨言慎行，以期有济也。"[1]绍英的恪守本分、敬慎立身的性格与郑孝胥"勇于任事""急进"求成的性格形成了鲜明对比。

（三）徐世昌

另一个典型的例子是徐世昌，尽管关于他的研究论著已有不少，像警民《徐世昌》，沈云龙《徐世昌评传》，郭剑林、郭晖的《翰林总统徐世昌》等都颇具分量；但随着近200万字的《徐世昌日记》的整理出版及对其的利用，又出现了一些新的值得注意的研究成果[2]。不过，由于《徐世昌日记》记述尚简，有时越是大事记录越少甚或不做记录，因此必须结合其他史料才能更好地理解其人。与《郑孝胥日记》相似，《徐世昌日记》里也很少提到绍英，而《绍英日记》中徐世昌出现的次数却超过百次，而且由于逊清皇室和绍英都对徐寄予厚望，凡涉及徐处，绍英往往记载得较为详细。兹举数事，并比勘《徐世昌日记》对同一事情的记载，

---

[1] 《绍英日记》影印本，第5册，第344—345页。

[2] 《徐世昌日记》计二十四册，其中前二十册为影印，后四册为点校整理，由人民出版社2013年版。对《徐世昌日记》的研究，主要有徐定茂《读辛亥前后的〈徐世昌日记〉》，北京出版社2011年版；北京出版社编《徐世昌与〈韬养斋日记〉（戊戌篇）》，北京出版社2014年版；北京出版社编《徐世昌与〈韬养斋日记〉（辛亥篇）》，北京出版社2014年版；林辉锋《从〈韬养斋日记〉看徐世昌与逊清皇室》，《中山大学学报》2015年第1期等。

以表格见之①：

日期	绍英日记	徐世昌日记
民国五年二月廿二日	早，至庆府拜寿。午后至那宅豫备请客事，徐中堂、世中堂到，所请议员到者一百七十馀人。徐中堂宣言请将优待条件加入宪法，以为保障，永远有效等语；汤议长化龙答词，大意可用制定宪法手续规定优待条件，永远有效，我辈可担任云云，座中全体鼓掌。徐中堂遂举杯称谢，此会尚为欢畅，可望达到目的，诚可庆幸。余报告年节拨给经费及商办借款事，徐中堂云我曾给段总理信，属其多拨经费，如有不敷，再由内务府向银行商借，今已办有头绪，甚好，略谈即散。	申刻后到金鱼胡同会同世博兄公宴议员二百馀员，为要求皇室优待条件加入宪法。
民国六年五月廿日	早，张少轩差人来云：大帅今日不上门，求世中堂代为回明王爷。世中堂接徐中堂回电云，时局至此，惟有保护圣躬为最要，且当典学之时，未便再为召见，必当设法维持等语。	闻张勋兵溃败，已释戈不战，张勋诸人已数日不进内。张勋、康有为诸人愿取消复辟，为自保计，如此儿戏，鲁莽灭裂，置国家、幼主于不顾，殊堪愤恨。

① 表格中所引绍英日记分别见于《绍英日记》影印本，第3册，第348—349页；第417页；第421页；第423—424页；第4册，第433页；第434—435页；第480页；第5册，第163页；第385—386页；第498页。所引徐世昌日记分别见于《徐世昌日记》，第22册，第10958页；第10973—10974页；第10974页；第23册，第11123页。

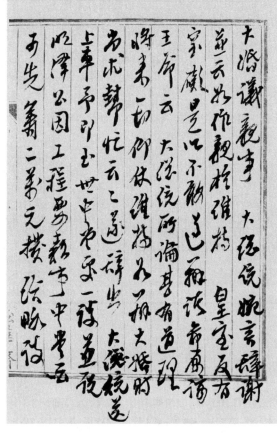

徐世昌辞亲（《绍英日记》民国十年五月十五日）

日期	绍英日记	徐世昌日记
民国六年五月廿一日	中堂给徐中堂写信一封，令锺捷南赴津，请徐相来京调停。	
民国六年五月廿二日	锺捷南由天津回，述说徐中堂所云：一俟段总理到始来，一严察禁门，一由世相函致内务部，一毋庸着急，一张少轩及军队现状，一张、雷被捕。	连日为维持皇室，保存优待条件并维持京师地面，调护张勋，甚为忧劳。体中困病，夜不能寐。
民国十五年五月十四日	三位主位召见，为大婚之事，令王爷及绍英见徐总统再为求亲，并令告明世中堂。	
民国十五年五月十五日	未刻至醇邸，随同王爷同车至公府，见大总统，为大婚议亲事，大总统婉言辞谢，并云如作亲，于维持皇室反有窒碍，是以不敢遵办，诸希原谅。王爷云，大总统所论甚有道理，将来一切仰仗维持，如办大婚时尚求帮忙云云。遂辞出，大总统送上车，予即至世中堂处一谈。	醇亲王来谈。
民国十九年五月初二日	午后会同耆大人至府见王茂萱将军，据云奉大总统谕，属伊转达奉慰大皇帝节抑哀伤，保卫圣躬为要，并派地方长官在府常川照料，属代为口奏。	

日期	绍英日记	徐世昌日记
民国十年九月十七日	锺捷南来谈徐总统进奉两万元①，传语此次有遗老进奉，不可赏给官衔、顶戴之类，以免又有间言，诸多不便也。徐云外面如有人欺侮，我必设法保卫，里边必须一切谨慎，自立于不败之地也，大婚礼应力求节减，仍须向财政部索款，不可自为放弃也，所论均有道理，自应遵办也。	
民国十三年六月初五日	出班，耆大人到，谈及魁世兄所述，徐东海属告知我辈不可萌退志，要尽心忍辱，以维大局，如有用其帮忙之处必当尽力也。	
民国十三年十二月廿八日	徐总统委倪君进呈二千元，点心一色。	

上述不难看出，徐世昌虽然做过民国大总统，但其对逊清皇室是一心维护、始终未能忘情的，常常做了也不张扬，更不记入日记。特别是民国十年五月十五日，醇亲王代表逊清皇室欲求娶徐氏女儿为溥仪之皇后时，徐氏却从维护皇室大局出发予以婉拒，这与当年袁世凯主动要与逊清皇室攀亲截然不同。而且，徐氏在自己日记里关

①《徐世昌日记》民国十一年十一月廿九日曾补记此事："大婚时曾进奉黄绒大地毯一件、织金西式椅床一堂、细瓷器二十件、如意一件、银二万元。"但亦是在记录溥仪大婚礼成所得赏赐的物品时顺带及之。见《徐世昌日记》第23册，第11182页。

于此事仅书"醇亲王来谈"五个字，以为尊者讳，丝毫没有炫耀的念头。《我的前半生》的"灰皮本"与"全本"嘲弄徐世昌想把自己女儿嫁给溥仪做皇后①，真是颠倒黑白。

与他维护清室常自隐晦相反，每当清室有所赏赐，徐世昌在日记里则必详录名目，以示不忘恩宠。如"今日蒙颁给瓷瓶二件、瓷盘二件、尺头八件"（民国十年十二月廿三日），"今日蒙恩颁御笔福寿字一幅、御笔楹联一副文曰：清诗草圣俱入妙，老鹤高松不计年、三镶玉如意一柄、衣料八件，已托内务府大臣代谢恩矣"（民国十二年九月十一日）等②，不胜枚举。总之，虽然做了民国的官，但他的思想、趣味与性情，仍然属于传统的士大夫阶层。贺葆真民国五年（1916）十一月二十一日拜访徐世昌时，二人曾有一段对话：

> 谒徐相，徐相以马通伯新著《毛诗学》见赠。论《大清畿辅先哲传》体例，余谓大清字似可酌易，一则古人书名于朝代上未见加以"皇""大"等字者，唐宋以来始有之，此等字于颂圣文有之；一则代既更易，若仍于朝代上加大字，何以别著书之时代乎？稿内有"入国朝"云云。余又言于相国请更易。相国曰："大清畿辅"云

① 《我的前半生》（灰皮本）："就连退了任的中华民国大总统徐世昌先生也不能例外，他们都是衷心愿意使他们的女儿，也能尝一尝当皇后的滋味。"（群众出版社2011年版，第95页）《我的前半生》（全本）："王公们去找徐世昌，这位一度想当国丈的大总统，表示了同意。"（群众出版社2007年版，第95页）
② 《徐世昌日记》第23册，第11145页；第11211—11212页。

云，若谓其有不古雅处则可，然无所谓不可用，此乃私家之著述，固无不可，且此编本以备清史馆之采用，彼当改以合于彼书之体例，非令其录原书也。且今日非前代朝代之改革，乃皇上以统治权归之民也，有民国政府而皇上固在也。今名《畿辅先哲传》亦可，于凡例中叙明自某时至某时，若疑不用朝代为无界限，则安知吾日后不补编明以前之先哲乎。[①]

"今日非前代朝代之改革，乃皇上以统治权归之民也，有民国政府而皇上固在也"，可见在徐世昌看来，民国与皇室是一体两面，可以并行不悖的。而其于"私家之著述"的《畿辅先哲传》前冠以"大清"二字，已足见其私心所向更近清室。因此警民（费行简）评价他说："徐氏已两度为袁政府之国卿，若梁鼎芬辈所持忠臣不事二主之议论，实非所乐闻也。然以其笃于故旧的思想，清室深恩，亦不能淡然忘之。盖其当光绪甲辰间，以编修四年擢至尚书，且为军机大臣，为有清二百六十年中第一人，至让位之际，隆裕又数对其啼泣，乞看顾让帝，以此之故，故其报清之念甚坚。与其谓为君臣的观念，勿宁谓为报施的观念较为确切也。然其爱护清室之热度无论沸至何点，而一闻复辟两字，其沸度即可立时停顿。"[②]毋宁说，这里有两个徐世昌，一个是理性的徐世昌，知道民国大势不可违，因而赞成维持国家共和政体；一个是感性的徐世昌，深受传统君臣伦理观念的濡染，时时想要报答故主的恩情。这在张勋复辟时，徐

---

① 徐雁平整理《贺葆真日记》，凤凰出版社 2014 年版，第 377 页。
② 警民《徐世昌》，文海出版社 1967 年版，第 75—76 页。

世昌拍发的两封电报表现得很清楚：7月2日，徐世昌复电世续时说："昌素以维持国家，尊崇皇室为主旨。"①7月10日复电张勋时再次强调："为国家计，惟有迅复共和；为皇室计，惟有维持优待条件。"②

正是欲兼顾公义私恩，才会出现他就任民国大总统时还拟具折请旨是否准其担任的奇怪现象，而逊清皇室亦予积极响应："昨日世中堂为面奏请旨，皇上准其就总统之职并令速就任。四位主位亦云：均甚盼其得总统，可以维持皇室。"③这看似荒谬的一幕，其实正是徐世昌复杂人性的生动呈现④。

其他如曹汝霖、陈宝琛、段祺瑞、胡嗣瑗、金梁、黎元洪、梁鼎芬、梁启超、梁士诒、陆宝忠、陆荣廷、陆润庠、鹿传霖、罗振玉、马其昶、那桐、耆龄、钱能训、荣源、瑞澂、沈曾植、盛宣怀、孙宝琦、唐景崇、唐绍仪、唐文治、王国维、吴闿生、吴汝纶、熊希龄、许宝蘅、颜惠庆、伊克坦、张百熙、张之洞、赵秉钧、赵尔巽、周自齐、朱启钤、朱益藩……在《绍英日记》里也纷纷亮相登场。粗略统计，现存《绍英日记》中记载的知名人士竟有

---

① 沈云龙《徐世昌评传》上册，中国大百科全书出版社2013年版，第372页。

② 沈云龙《徐世昌评传》上册，第374—375页。

③ 《徐世昌日记》（民国七年八月十三日），第22册，第11015页。

④ 当然对徐世昌有不同评价，如有人认为他是八面玲珑的投机派："徐世昌可谓今世界之不倒翁矣，帝制亦需此公，民治亦需此公，复辟亦需此公，讨逆亦需此公，民国亦需此公，清室亦需此公，此真药里甘草。"（1917年7月17日《时报》，转引自贾熟村《对徐世昌家族的考察》，载《徐世昌与〈韬养斋日记〉（戊戌篇）》第108页）本文仅为个人一得之见。

数百人之多，可谓研治清末民初人物史的宝库。

四　且向净土寄此心

在马延玉老人北京市东城区北竹竿胡同的寓所里，还藏有几册绍英的手稿。

一册封面题"梯云宝筏"，旁书"绍英读本"四字，系绍英早年抄录的制艺范文，上有其嗣父宝珣的批语；可见早年的绍英还是想走科举之途的，可能因为此途太难，最终放弃。

一册封面题"志学口诀录"，扉页绍英朱笔跋云："志学即志仁之谓，性分之外无学也。昔圣昔贤口诀，随忆随录，或有心得，亦随录之，将以为修己之方、安人之道也。愿与有志斯道者共勉之。英谨识。"正文首页首行书："志学口诀录，辛酉年立秋日记。"可见是其民国十年 (1921) 所书。内容如其跋所云，皆录前贤修身立仁之说，之后或天头批以己之感想。

一册封面题签"讲习录"三字，下书"丁巳孟冬，越千题"，虽是民国六年 (1917) 所题，但内容多是光绪二十年 (1894) 左右，田庚 (号少白)、马昌繁 (号月樵)、孙传奭 (号少鼎)、周尔润 (号泽民) 等人与绍英研讨性理的通信，吴闿生《马佳君传》曾赞美绍英："君独折节向学，服膺宋五子之教，暗修存养，研穷性理不懈。初师事王少谷，与桐城方剑华、阮仲勉、马月樵诸名流，结社讲肄，月再三会，声闻蔼如也。"可知"讲习"之本意。但值得注意的是，从《讲习录》中所载马昌繁等人的来信看，绍英他们这个结社有着较浓厚的援释入儒的思想，如《讲习录》开篇即是绍英所作的四句箴：

　　一学以识性为先，欲识性体，先须彻底澄清，将一切私欲知识尽皆放下，庶欲尽理还，见性自彻。

　　一见性又当从有所感动，一念之不昧处追入，一丝即具全体，即以此不昧者念念不忘，勿使或昧。

　　一真妄之辨，宜明真本固有，根于天命，纯是先天，妄实本无，根于躯壳，皆是后起。盖从天命发出来者皆真，从躯壳发出来者皆妄，惟真性作主，而妄自息，以性中但有真无妄也。倘妄不能无，仍由真未能复，必从认真复初处入手。

　　一当于妄念不起时作涵养工夫，斯妄起即觉，一觉已复本体，所谓性觉也。否则妄起虽亦能觉，恐不能即复本体，仍属识觉帮助补也。吕子谓"省察得出，依旧涵养，省察在既发之后，克治在涵养之中"云云，相证益明。

"性觉""真妄"等等，实为释家惯用手段。因此《讲习录》中又录有不少绍英晚年与佛教僧众、居士的交往以及对佛法的感悟。如：

　　达法大师与庆然和尚同学，年高有道，戊午年初会于广济寺，再见于鹫峰寺，谈次甚为契合，赠予偈言四句云：

　　火里莲花朵朵开，真空不昧见如来。了达本来无一物，如如

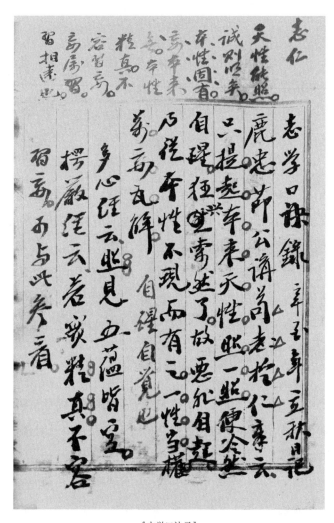

《志学口诀录》

不动坐莲台。

又说偈数章，列后：

走一山，又一山，山山里头断火烟。山前烟火要断净，文殊住在清凉山。金毛狮子放毫光，大千世界一眼观。识得祖师西来意。大地山河统归真。

大道原来本无心，不动不变是真金。金刚三昧常不昧，究竟无为见天真。

若能妄念赏清净，坐来死去本无生。平等法界无人我，不动不变是真宗。

行依坐卧，不离这个。若离这个，当面错过。回光返照，妄人无我。一念无生，本来是佛。

百年不过暂时间，莫把光阴当等闲。生死无常无人替，一失人身万劫难。世界尽是名利客，不知究竟到彼岸。富贵名利一场梦，回头念佛苦修炼。识得自己本来面，不动端坐紫金莲。不生不灭寿无量，涅槃逍遥极乐天。

戊午七月下旬越千识。

其《志学口诀录》同样如此，常常引释以证儒，如该书首页即录明鹿善继语："鹿忠节公讲苟志于仁章云：只提起本来天性照一照，便冷然自醒，狂兴索然了。故恶非自起，乃从本性不现而有之。一性当权，万妄瓦解。"后即引佛经参照："《多心经》云：'照见五蕴皆空。'《楞严经》云：'若实精真，不容习妄。'可与此参看。"天头又批云："志仁：天性能照，诚则明矣；本性固有，妄本来无。本性精真，不容习妄。妄属习，习相远也。"

这一方面反映出绍英对儒家学说的服膺，一方面又反映出其深厚的佛学思想和兴趣。《绍英日记》中，其亲佛礼佛的记载更是频现笔端：

> 值日。购得藏经内零种七十捌本，共作十函，皆佛祖法宝，应敬谨收藏，以备参阅。语云"此身不向今生度，更向何时度此身。"又云："云何得长寿，金刚不坏身。"是知神寿无量，要在自修自度耳，应勉力修证，复其本来面目，庶不虚度此生也。（宣统二年十月十八日）
>
> 是日大雪，佛堂、祠堂行礼后未出门。（宣统三年元旦）
>
> 回家，佛堂、祠堂行礼。（民国二年元旦）
>
> 送佛教会联语一付："经云无我，语云毋我，我见除则诸见尽化；佛号能仁，子曰归仁，仁道立而世道大同。"（民国二年四月初八日）
>
> 晚，邓先生来谈佛法。（民国二年十二月十八日）
>
> 至圆通观拜龙宝卿，名佐才，晤谈许久，并给余看相，云明年恐有灾难，宜信佛修养，以化解之。（民国五年十二月二十日）[1]

特别是民国六年腊月，其四兄绍彝病逝，对绍英是一重大打击，加深了他对佛教的信仰：

---

[1]《绍英日记》影印本，第2册，第162页；第178页；第395页；第447页；第3册，第127页；第346页。

丑刻闻四哥气微，予即趋视。四哥云："我欲行矣，惟慈亲在堂，未能尽孝，是为憾事，望越千尽心侍奉，家中之事，望多为分心照料一切，汝善为修行，将来尚可西方相见。"余云："侍亲理家，是应尽责任，愿将来西方相见，即请念佛往生为要。"四哥即合掌念佛，直至气微始止，气息奄奄，至卯刻气绝。呜乎痛哉，五十馀年手足，一旦死别，伤如之何。（民国六年十二月廿五日）[①]

从"念佛往生""西方相见"等语可知，绍英兄弟信仰的都是净土宗；之后，他诵阅佛经之举日益增多，渐成常态，以民国七年为例：

> 是日圈《楞严》第六卷，敬阅"观世音菩萨得道耳根圆通，彼佛教我从闻思修入三摩地"一段……夫人空法空而又空空，凡属生灭者皆已灭尽，则不生不灭，寂灭之性，乃得现前，故返闻法门，自度度人，诚为此经之纲领也。（四月十七日）
>
> 夜间梦一位活佛法身约三尺许，予拜谒，面承指示毕，见一观世音神牌，梦中有惟愿实证观世音名号之意，醒时自作偈言曰："佛身非大小，面命幸传心。口授无为法，荷担观世音。"盖近日供佛观经，颇解义趣，蒙佛启迪，应从《楞严》第五卷"观世音菩萨得道耳根圆通"证入为要。（五月十五日）
>
> 敬诵《楞严咒》一通，念佛五珠。（六月廿六日）

---

① 《绍英日记》影印本，第 3 册，第 509 页。

五十馀年手足，一旦死别，伤如之何（《绍英日记》民国六年十二月廿五日）

拜邓先生，同至卧佛寺见达法大师谈许久，大师说偈言数章，另记之。请阿弥陀佛坐像一尊，请经数卷。见张克臣居士。回家看《证道歌》。(七月廿六日)

早间令三爷请来阿弥陀佛像一尊，供奉于南书房。(七月廿七日)

读诵《金刚经》《楞严咒》，念佛。(十月初一日)

是日为弥陀佛圣诞，供平果，焚香行礼，敬诵《弥陀经》《往生咒》，看《宝王三昧》数页。拟每年此日持斋一日。一时信心清净，愿念佛生西而得戒行，向四义须留意为要。(十一月十七日)

晚诵《金[刚]经》一卷，念佛十念。(十二月十五日)[①]

不仅对《金刚经》《楞严经》经常念诵、深有会心，而且还经常与高僧、居士谈论佛法，并请佛像、佛经于家，甚至梦中见到活佛法身、观世音神牌等。七月廿六日所记卧佛寺达法大师所示偈言数章，已见前述《讲习录》中。

民国七年以后，绍英的礼佛诵经之举亦未中断，或捐款："至拈花寺，为念佛堂捐款事。"(民国八年七月廿六日)或诵佛："早拜佛，读诵《金刚经》一卷，念佛三数珠。"(民国九年八月初一日)或请经："至卧佛寺请经《起信论疏会阅》一部。"(民国九年九月十六日)信受奉行，一如其自言："《楞严经》云'理则顿悟，乘悟并销'，亦此旨也。然信解修证，理应并进，上智顿悟顿修，其次顿悟渐修，要

---

① 《绍英日记》影印本，第3册，第561页；第574页；第589页；第597—598页；第598页；第4册，第10页；第24页；第34页。

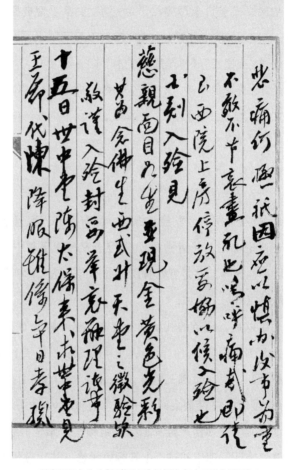

慈亲面目如生（《绍英日记》民国九年十二月十四日）

以实信实修为本也。"（民国九年九月十二日）①

民国九年十二月十四日，绍英之母曹太夫人弃世，绍英为之入殓时，感觉"慈亲面目如生，并现金黄色光彩，其为念佛生西或升天堂之征验欤"。又"向南阿弥陀佛像前焚香行礼"（民国十年元旦），"请旃檀佛照像一尊，敬谨供奉"（民国十年二月廿六日）②。不仅绍英兄弟，而且其母曹氏亦信奉净土宗。从此绍英诵佛愈勤，以至再次梦见了与佛教相关的物事：

> 夜，梦见黑夜之际，月到天心，忽于月中降下玉石方墩一件，约一尺许，落于上房院中。细看石上刻有八吉祥花纹，云、螺、伞、盖、花、罐、鱼、长之类。院中又有大鱼缸一座，水中有声，似有鱼跃，恍惚之间已醒，心中甚觉清凉。因思月到天心，乃陶诗清景，八吉祥纹乃佛足所现，月明鱼跃，可见造化昭著之机。清净无为，尤为我佛修行之本，其天诱厥衷耶，其佛示之教耶。复见天心，凤佩知几之学，色相具足，深仰见性之文。是宜荷担菩提，顾视帝则，藉以上报四恩，下持一念，庶克下学上达，希贤希圣也，可不勉哉。（民国十年十一月初六日）③

正是基于这种越来越深、越来越执着的净土信仰，当逊清皇室遭遇外忧内患、屡现财政困难之时，绍英才会自然而然地联想到

---

① 《绍英日记》影印本，第4册，第107页；第297页；第319页；第318页。
② 《绍英日记》影印本，第4册，第351页；第361页；第385页。
③ 《绍英日记》影印本，第5册，第53—55页。

"现在当官之困难实与地狱相近"，也才会"夜梦似有自求解脱地狱之意"（民国十一年七月二十六日）[1]。

也许，绍英现实中无法获得安宁的心灵，唯有往信仰的净土世界里去安顿吧。

五　馀论

值得注意的是，由于遭逢易代之乱，绍英日记中出现的有名人物多有矛盾和复杂的一面。特别是那些民国高官，大多在前清亦任要职，袁世凯和徐世昌任职尤其显赫，从道德合法性角度而言，如何面对和回避"贰臣"的问题，是他们不得不考虑的小烦恼，这也使他们对待逊清的态度非常暧昧；而那些以高才遗老自居的人物，如陈宝琛、郑孝胥等人，由于权柄易手，时势变化，则有英雄末路、捉襟见肘、抱负无从施展的大苦恼；至于像绍英，属于那种既不自命不凡，又小心谨慎的循默型官员，溥仪《我的前半生》中，就称绍英为"恭顺""出名的胆小怕事的人"。胆小怕事，则烦恼更多。绍英去世后，廉泉曾作挽诗八首，其六云：

> 雨声才过又佛声，万里长天孤月明。莫把野狐涎唾我，自甘极苦尚多情。

---

① 《绍英日记》影印本，第5册，第127页。

诗后并注："公好学，有文行，居官不改寒素。因《京报》偶录稚晖先生论说，指为豪富，心颇不安，自余介绍与稚晖先生相见后，彼此身心了然，且甚崇敬稚晖先生。前月稚晖先生闻公病，约余同过存，公已不能见客矣。"[①]此事《绍英日记》中亦有记载：

> 散后至开成素馆早餐，遇廉南湖先生及方方先生，予请二位便饭，谈及吴君敬恒作文登报之事，谓予侵款数百万，毫无事实，求廉先生为之辩护。廉云即请写信一函致廉先生，简明为自己更正，交廉登报可也。容再斟酌办理。(民国十四年二月初一日)
>
> 廉南湖约午餐，座中有吴稚晖，见面略谈，彼云前者登报所云实系误会，对不住等语，予云自幼读书，尚知廉洁自持，实不敢妄为，彼尚听信，亦幸事也。(民国十四年三月十七日)[②]

廉泉诗注说得不够详实，绍英并非为被指为"豪富"而不安，而是为本来"廉洁自持"却被指为"侵款数百万"而不安，因此必须辩诬。诸如此类的烦恼在《绍英日记》中比比皆是，可谓家常便饭。一部《绍英日记》，也可看作绍英的生活烦恼史。

如果说由后世史官撰写的历史，可以表现出一种理性宏大、居高临下的"后见之明"；那么由时人撰写的日记，则虽视角受限、日常琐碎，但却感性生动、切身关心，恰好能够在细节上弥合宏大叙事带来的缝隙，使骨骼嶙峋的历史某种程度上变得情意流转、血

① 《绍英日记》影印本，第6册，第638页。
② 《绍英日记》影印本，第5册，第528页；第565页。

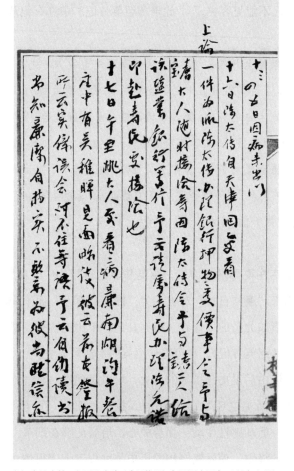

尚知廉洁自持，实不敢妄为（《绍英日记》民国十四年三月十七日）

肉丰满。桑兵先生就认为："从亲历者各自的耳闻目睹体验来探寻历史的发生演化，至少有如下相互牵连的几点作用：其一，协调大历史与个人视角的歧异。……其二，校正后设架构与循序演进的视差。……其三，平衡类像与单体的异同。……其四，兼顾叙事与说理的功能。"① 以上笔者大致从政治史、经济史和人物史、宗教信仰几个层面，试图介绍《绍英日记》如何通过个人的视角和感受，展现清末民初复杂的历史图景和人物群像，展现生活的细节和幽微之处，即是基于这种考虑。

---

① 详参其《走进共和：日记所见政权更替时期亲历者的心路历程（1911—1912）》之《绪言》，北京师范大学出版社 2016 年版。